Algunas opiniones sobre
El método DTM: Desbloquea Tu Millón

«Habla con Borja y Sonia.» «Pregúntales, conocen a todo el mundo.» Esto me recomendaron diferentes personas cuando me mudé de país. No sé si tú puedes hablar con ellos, pero puedes leerlos y aprender cómo convertirte en una persona con una agenda y unos contactos de valor incalculable.

ISRA BRAVO, *copywriter*
y autor de *Escribo porque me gusta ganar dinero*

Sonia y Borja siempre te hacen sentir escuchada y querida, y te demuestran que el verdadero valor está en las conexiones profundas. Este libro refleja precisamente eso y te enseña a desarrollar relaciones desde esa mentalidad.

EVA M.ª CANO,
responsable de Recursos Humanos en Unicef

Puedes pintar como el mismísimo Miguel Ángel, pero si no sabes comunicarlo, si no sabes relacionarte... no llegarás lejos. Este libro explica el potencial que esconde tu entorno y el arte de tener buenos contactos.

MARCO MASEDA,
artista

Les vi hacerse novios y hoy son referentes en el mundo de las relaciones después de haber ayudado a centenares de personas. Me dan igual sus logros —que son muchos—, lo que me importa es que son buena gente, muy buena.

CIPRI QUINTAS,
conector 1.0 de personas y empresario

Es fácil estar a tu lado en los momentos dulces; difícil, en los valles. Sonia y Borja me han acompañado en ambos. De todos no puedo decir lo mismo. Les quiero.

FRANCISCO NICOLÁS GÓMEZ IGLESIAS,
networker

Este libro es el mapa hacia una vida de abundancia y de conexiones con alma. En sólo treinta días, tu mundo verá despertar a tu verdadero potencial.

LAIN GARCÍA CALVO,
autor de *La voz de tu alma*

La distancia hace el olvido, diría el dicho, pero con Sonia eso no pasa. Ella sabe cuidar de sus relaciones y mantener la conexión y la amistad estés donde estés, porque sabe el valor que tiene tener un amigo y ahora, además, lo comparte con todos en este libro que ha escrito con tanto mimo.

María Martínez,
influencer y *youtuber* en Siéntete Joven

El éxito de una empresa nace en la fortaleza del equipo, y es así como se alcanzan los retos que parecen imposibles. Colaboración, confianza y entusiasmo son los valores que siempre busco y que encontré en Sonia. Me alegra que los comparta en este libro.

Miguel Carsi,
presidente de Toyota España

Hace unos años decidí aventurarme por vía doble: lanzarme a un nuevo sector y mudarme a otro país. En ambos casos encontré a una misma persona dispuesta a brindarme su ayuda, consejo y contactos: Borja. Desde entonces somos buenos amigos. Es el Dale Carnegie español.

Enrique Moris,
empresario

Método DTM: Desbloquea Tu Millón

Método DTM: Desbloquea Tu Millón

Aumenta tu autoridad, influencia, dinero y salud en 30 días y desde tu móvil

BORJA MUÑOZ
SONIA MÁRQUEZ

EDICIONES DEUSTO

Deusto es un sello editorial de Centro de Libros PAPF, SLU.
Av. Diagonal, 662-664
08034 Barcelona
www.planetadelibros.com

Diseño de la colección: Sylvia Sans Bassat

Primera edición: enero de 2025
Depósito legal: B. 21.975-2024
ISBN: 978-84-234-3831-0
Composición: Realización Planeta
Impresión y encuadernación: Huertas Industrias Gráficas, S. A.
Printed in Spain - Impreso en España

PEFC Certificado
Este libro procede de bosques gestionados de forma sostenible
PEFC
PEFC/14-38-00305
www.pefc.es

A nuestra querida hija, Adriana,
que sabe que la verdadera magia
está en compartir la vida con los demás.
Que nunca te falten la calidez y
la diversión que tú misma inspiras.

Sumario

PARTE 2
El método DTM

PARTE 3
Supera estos frenos

Introducción

Más felicidad, mayor salud, mejores relaciones, más ventas, un impacto positivo para tus seres queridos... Todo eso y mucho más lo tienes a menos de 50 centímetros, la distancia a la que probablemente estés de tu teléfono móvil mientras lees este libro. Hablamos del dispositivo tecnológico con mayor impacto de la historia, con el que actualmente nos evadimos de la realidad, tal y como hicimos con la televisión durante décadas, pero que arroja un infinito potencial si lo utilizamos con destreza y método.

El avance de la tecnología nos permite tener a golpe de huella dactilar una herramienta que puede cambiar el curso de tu vida, que te permitirá, si quieres, conectar con personas que te aprecian y que desean relacionarse contigo, hacer negocios o simplemente generar un vínculo afectivo mayor.

Mucho se ha hablado de las ventajas, en lo social y económico, que tiene relacionarse efectiva y afectivamente con tu entorno, de lo lucrativo que puede ser para tu carrera profesional o de ventas desarrollar un ritual de networking para ir en busca de ese contacto que mejore tu empleabilidad, tu vida o tu negocio para siempre. La realidad es que nadie te dice cómo hacerlo. Ningún libro sobre cómo ganar amigos, generar conexiones o, sencillamente, relacionarte mejor te muestra un método; pocos tienen protocolos, y, por supuesto, no verás rastro de un plan efectivo para que todo ello mejore en apenas treinta días.

Desde hace tiempo nos preguntábamos: «¿Qué hubiera hecho Dale Carnegie,[1] el autor sobre networking más leído de la historia, de haber tenido un dispositivo móvil como los actuales?». Procuraremos ponernos en su cabeza y avanzar en ello.

Puedes cerrar este libro y seguir utilizando tu dispositivo móvil como lo has hecho hasta ahora, y eso será perfecto, cero reproches. Ahora bien, si decides *invertir* veinte minutos durante los próximos treinta días, confiar y aplicar el Método DTM: Desbloquea Tu Millón (nuestros principios), poco volverá a ser parecido. Vas a conseguir que tu vida sea más armoniosa, un estado anímico más alegre e incluso a recuperar esa pizca de felicidad y emoción que tanto anhelamos hoy en día. Van a mejorar tus relaciones y, con alta probabilidad, también tu negocio o empleabilidad. Vas a practicar la generosidad, la gratitud y el interés sincero por aquellas personas que te han regalado un trocito de su valiosa amistad. Vas a ganar nuevos amigos que

1. Dale, Carnegie, *Cómo ganar amigos e influir en las personas*, Elipse Editorial, Barcelona, 2023.

te llevarán en apenas unos meses a otros universos relacionales.

Da igual si nos lees en Madrid, desde Medellín o en una pequeña aldea gallega. La *mundología* que arroja este ensayo es universal. Las personas quieren sentirse queridas y protegidas, y vamos a hacer que esto suceda. A lo largo de los capítulos descubrirás claves, consejos y errores que evitar. La esencia radica en elevar el estado de conciencia propia y de tu interlocutor. Almacenas en la agenda de contactos de tu teléfono una capacidad relacional que iremos explorando, haciendo el bien y usando este poder para hacer un mundo mejor, más consciente y donde tu figura emerja. Miles de personas están esperando ese vídeo, mensaje o llamada que refuerce su carisma y desvele el amor que hay entre vosotros y lo mucho que puedes hacer por ellas.

Tienes un potencial de conexión y negocio que hoy no vislumbras. Guardas en el interior de tu bolso o de tu pantalón un dispositivo móvil que, utilizado con destreza, te proporcionará abundancia infinita. Si trabajas el don de mostrarte a otros tal y como eres y aplicas las técnicas del método que en este ensayo se describen, tu vida será mucho más próspera.

El libro consta de tres bloques: en el primero de ellos explicamos los principios que rigen nuestra metodología, los valores que apoyan el Método DTM. En el segundo se aborda el método de treinta días que desbloquea tu capacidad relacional y con el que ganas amigos, influencia y nuevos contactos. En el tercer y último bloque se muestran los frenos y retos que se deben superar para extraer todo nuestro potencial.

Se plantean temas polémicos. Si sirven para reflexionar y abrir un área de debate interno, entonces todo habrá merecido la pena. Somos seres sociales en un mundo cada vez más deshumanizado. Nadie tiene todas las respuestas, pero hemos encontrado preguntas que te ayudarán tanto en lo personal como en lo laboral. No hace falta que tomes cada principio al pie de la letra, pero esperamos que encuentres ideas que cobren sentido. Dales una vuelta, pruébalas y, si es necesario, adáptalas a tu propia vida y esencia.

Sonia es introvertida, discreta, leal y nada frívola. Por contra, Borja parece una *rockstar*, es impulsivo, caótico, creativo e indisciplinado. Ambos hemos conseguido, aplicando este método, proyectar nuestras relaciones a un plano superlativo. Sonia adaptó e integró la metodología nipona y el ADN de Toyota en sus relaciones; Borja ordenó bajo unos parámetros más efectivos su universo relacional. Sonia creó de la nada el emprendimiento social que un país necesitaba; Borja, el club que el empresario no encontraba. Sonia hoy es la *welcome person* de un principado y recibe múltiples peticiones para un mejor aterrizaje en Andorra; Borja ha creado una figura que no existía, la del representante de emprendedores y empresarios. Andorrita[2] ha logrado el *match* de centenares de personas en un país que se cuenta a miles. Club84[3] consigue que líderes que no se conocen se hagan amigos. Nada de lo alcan-

2. Andorrita.com tiene como misión conectar personal y profesionalmente a quienes viven en Andorra.

3. Exito84.com es un club de relaciones y negocios. Un espacio para intercambiar ideas y experiencias y fortalecer a sus miembros para la mejora de sus iniciativas privadas y relacionales.

zado ha venido solo. Se ha hecho bajo la metodología que aquí se cincela y que hoy tú puedes modelar.

No nos creas, sólo danos un pequeño voto de confianza, te llevará menos de lo que tardas en elegir la serie anodina a la que engancharte en Netflix. Los resultados empezarás a percibirlos antes de los treinta días. Estaremos aquí para verlos. Queremos que los compartas con nosotros. Puedes hacerlo en www.desbloqueatumillon.com o en nuestra cuenta de WhatsApp. Cero molestias por nuestra parte, ¿sabes por qué? Porque nosotros ya somos amigos, lo que sucede es que todavía no lo sabes.

¿Amigos? Aquí tienes nuestro contacto de WhatsApp: +376 394 380.

Parte 1

Despierta las diez razones DTM

1

Sé el 1 por ciento

«¿Has pensado hoy en mí?» De poder formular esta ingenua pregunta a cien amigos, conocidos o familiares, a todos nos sorprenderían los resultados. El egocentrismo imperante de la vida moderna sufriría un severo revés. Los estudios plasman que sólo diría la verdad el 1 por ciento, ese familiar, conocido o amigo que, ciertamente, sí ha pensado en nosotros en las últimas veinticuatro horas. El resto, seguramente absortos por la inusual pregunta, responderían un dubitativo «sí», pero la estadística muestra que es un rotundo «no». Descubrir la identidad de quien dedicó al menos unos segundos de su vida a pensar en nosotros se arroja imposible, siempre y cuando la persona en cuestión no nos lo diga.

A la conclusión de que la vida pasa sin que nadie ponga su atención en nosotros se llega normalmente tarde. De hecho, existe una regla no escrita, denominada 20-40-60 y acuñada por la actriz Shirley MacLaine, que postula lo siguiente: a los 20 años crees que todo el mundo piensa, habla, conspira o trama a tu favor o en tu contra, lo que hace que vivas en un estrés crónico que se rebaja y anula a los 40, momento en el que deja de ser importante lo que otros dicen o piensan sobre ti, hasta que, a los 60, te percatas de que nadie, nunca, ha hablado de ti ni se ha preocupado por tu vida.

De este postulado de la ganadora de un Óscar se desprenden dos interesantes reflexiones. La primera de ellas es el enorme desapego que debería imperar en tu vida. El 99 por ciento de las personas con las que te has relacionado sólo piensan en ellas mismas: nadie está pensando en ti en este momento, nadie se levanta pensando que mereces un mejor salario, si has resuelto esa disputa con el vecino, si te han dado buen precio en el concesionario o si finalmente encontraste alquiler vacacional en la costa gaditana. Nadie está pendiente de eso, ni siquiera tus progenitores —bueno, quizá los padres y las madres sí, si aún vives con ellos, pero entenderás que debes ser tu propio defensor—. Esto es genial por dos razones; la primera es que dejas de atormentarte con lo que los demás piensan sobre ti, dado que el 99 por ciento sólo piensa en sí mismo. Recuerda que nadie piensa en ti con tanta intensidad como tú lo haces. La otra razón es que se trata de una realidad que te empodera: es un superpoder vivir sabiendo que eres el responsable último de tus éxitos y progresos, también de las dificultades que atraviesas y de cómo las superas. Conocer esta realidad te hace más adulto en una sociedad infantilizada, es decir, cobras ventaja.

La segunda reflexión sobre la regla 20-40-60 es aún más importante. Pregúntate cómo cambiaría tu vida si pasases a ser la persona del 1 por ciento para tu círculo relacional. Para triunfar en esta vida no basta simplemente con acumular habilidades. Se necesita algo auténtico, algo que te distinga del resto. Ser ese compañero, amigo, socio o conocido que representa el 1 por ciento de la población te convierte en la vaca púrpura de Seth Godin.[4] A esa persona extraordinaria le suceden cosas extraordinarias.

El mensaje principal es claro: este libro quiere ayudarte a ocupar un lugar destacado en la mente y, sobre todo, en el corazón de tu red de contactos. Convertirte en la persona a la que sus amigos llaman, en una referencia para tus contactos, en alguien reconocido y valorado en su entorno personal y laboral. El deseo más profundo de todo humano, después de cubrir sus necesidades básicas, es sentirse importante. Queremos percibir que somos escuchados, valorados, reconocidos, incluidos y recordados. Y aquí es donde entra en juego la clave: ofrecer a las personas lo que más anhelan. ¿Y qué es lo que más anhelan? Atención y aprecio auténticos. Es obvio que para conseguirlo ayuda ser amable, pero el verdadero impacto se logra cuando ese afecto es genuino. Es así cómo te conviertes en alguien memorable.

Ser parte del 1 por ciento es más alcanzable de lo que crees. Se trata simplemente de activar un superpoder que ya posees, independientemente de tus circunstancias y tu entorno, y lo mejor de todo es que, cuanto más lo practi-

4. Godin, Seth, *La vaca púrpura*, Gestión 2000, Barcelona, 2008.

ques, más fuerte se volverá tu carisma, y de eso está muy necesitado este mundo: la mayoría de las relaciones no se desmoronan por problemas, sino por la falta de aprecio.

Esta habilidad ya está en tus manos, y puedes ejercitarla a diario, en cualquier situación, ya sea cara a cara o a través de medios digitales. En una red social, en una conversación con un amigo, con un familiar, con un compañero de trabajo o incluso con el camarero que te sirve el café. Las oportunidades son infinitas y los resultados son extraordinarios, porque, al mostrar aprecio sincero, tu energía vital se eleva. Te sentirás emocionalmente más equilibrado, más feliz, más empoderado; serás más TÚ MISMO que nunca.

Sin embargo, hay que tener cuidado con la adulación, pues es como la kriptonita para Supermán. Ser zalamero es falso e impostado y se percibe rápidamente. ¿Quién quiere que le paguen con billetes falsos? Pues en las relaciones es igual: no adules; si buscas autenticidad, muestra aprecio sincero.

No te preocupes si sientes que no posees esta destreza ahora mismo. Como todo en la vida, se aprende y se practica. Y aquí estamos nosotros para acompañarte en el viaje. Al inicio te sentirás extraño y quizá ligeramente impostado, pero, con el paso del tiempo, las personas te caerán bien por defecto y notarás que la vida se vuelve mejor, porque es imposible devolver odio a quien te entrega amor. Es la ley de la reciprocidad y es un principio que siempre funciona.

¡Bienvenido al club del 1 por ciento! Esto no ha hecho más que empezar.

2

Tu salud necesita *fitness* social

A buen seguro habrás considerado el cuidado físico una parte esencial de tu bienestar, ¿cierto? Es muy probable que estés inscrito en un gimnasio o en un polideportivo de tu zona, pero ¿alguna vez te has planteado el *fitness* social como parte importante de tu salud? En un mundo donde la tecnología nos aísla, la importancia de cultivar y mantener relaciones saludables es crucial no sólo para nuestra felicidad, sino también para nuestra salud física y mental.

La salud social se cuida y se practica dentro de nuestros hábitos. Igual que los músculos tienen que entrenarse para no atrofiarse, debemos mimar nuestras relaciones afectivas; la mayoría de ellas se van al traste no por problemas, sino por la simple y maliciosa dejadez. Por supuesto, vendrá la pereza y el ego insano de la mano para decirte eso de: «Eh, que sean los demás quienes cuiden la relación por ti». Error. Eso es como esperar que Netflix haga unos *burpees* por ti. Es posible también que te dé vergüenza ser tú quien lleve la iniciativa. Otro error. La recompensa es de tal magnitud que ni te la imaginas. Hay multitud de artículos[5] y estudios[6] que muestran que las personas con relaciones sociales más sólidas y de mayor calidad tienen un riesgo de mortalidad menor que aquellas con relaciones sociales más limitadas.

El *fitness* social invita a ser proactivo en nuestras relaciones. Si en el gimnasio las pesas no van hacia ti, en las relaciones debe ser igual. Es mejor capitanear la práctica que ser esclavo del «ya me llamará». Vas a una fiesta y... ¿te quedas en una esquina mirando publicaciones de TikTok o te lanzas conversar? El *fitness* social es ese músculo que te hace decir «¡hola!» en lugar de «adiós» a nuevas conexiones. Y no se trata sólo de un concepto diferente, también tiene superpoderes. Te pone el aura de la buena vibra, mejora tu salud mental y ¡caramba!, quizá hasta ligues gracias a ello con la persona que te gusta de la fiesta.

Un estudio[7] de la Universidad de Harvard que ha rastreado la vida de cerca de setecientos individuos durante ochenta y cinco años revela que las personas con relaciones más cálidas son más felices y disfrutan de una mejor

5. Uchino, Bert N., «Social support and physical health: understanding the health consequences of relationships», *American Journal of Epidemiology*, 161 (2004), pp. 297-298; Umberson, Debra, y Montez, Jennifer Karas, «Social relationships and health: a flashpoint for health policy», *Journal of Health and Social Behavior*, 51 (2010), pp. 54-66.

6. Holt-Lunstad, Julianne; Smith, Timothy B., y Layton, J. Bradley, «Social relationships and mortality risk: a meta-analytic review», *PLoS Med*, 7, 7 (2010), e1000316.

7. <https://www.adultdevelopmentstudy.org>.

salud física a medida que envejecen. Este hallazgo es sorprendente, pero lógico. Las relaciones de calidad actúan como un amortiguador contra el estrés y la soledad, lo que reduce los niveles de cortisol y disminuye la inflamación en el cuerpo. Esto tiene implicaciones directas en la prevención de enfermedades crónicas como la diabetes tipo 2 y las enfermedades del corazón.

Al final, el concepto *fitness social* trata de darles a nuestras relaciones la misma atención y cuidado que le damos a nuestra salud física. Es un ejercicio continuo de empatía, curiosidad y gratitud que nos lleva a conexiones más profundas y significativas. Una buena vida no es sólo un destino, es el camino y las personas con las que viajamos por él. Ahora bien: ¿estás caminando en tu viaje con las personas que quieres? Y, sobre todo, ¿estás dispuesto a nutrir esas relaciones y otras nuevas? Si tienes este libro entre las manos, aventuramos que la respuesta es afirmativa.

Ejemplos sobre la oportunidad, incluso comercial, que emerge con respecto a este concepto tenemos muchos. Nos encanta el caso de éxito de nuestra amiga Susana Gabriel, que, siendo doctora en Economía y profesora de la Universidad de Oporto, detectó una carencia entre sus alumnos y compañeros, la dificultad que tenían para conocer a gente nueva y las barreras que se autoimponían. Decidió dejar atrás el mundo académico y fundó Eventos com Desconhecidos,[8] puntos de encuentro —comidas, caminatas, foros o *workshops*— para que personas que aún no se conocen rompan la barrera del miedo y entablen re-

8. <https://www.instagram.com/eventoscomdesconhecidos>.

laciones. Es como un Tinder 1.0 en el que *matcheas* o no, pero donde el disfrute está asegurado.

¿Qué lleva a una catedrática a dejarlo todo y a hacer arrancar esta iniciativa en Portugal? Pues el evidente sedentarismo relacional que hoy impera en nuestras sociedades, una epidemia silenciosa a la que personas como Susana intentan poner freno y que hoy causa múltiples desajustes psicológicos.

Por lo tanto, el *fitness* social emerge no sólo como un nuevo concepto, sino como una actividad fundamental para nuestras vidas. En un mundo en el que la desconexión relacional es imparable, resulta esencial recordar el poder de una llamada, un mensaje o un encuentro cara a cara. Éstos son los pilares de la tribu ancestral de donde venimos, de una vida plena y saludable, tanto emocional como física. El *fitness* social es como levantar pesas, pero con el corazón. Se trata de agradecer, de mostrar curiosidad por los demás, incluso con tu vecino el gruñón, y de no quedarse esperando a que te llamen. Si te comprometes y accionas el plan que te sugerimos en la segunda parte del libro, te prometemos que será una de las mejores inversiones en tiempo que realizarás, y, además, será un impulso para tu bienestar y la herramienta hacia una vida más abundante.

3

El networking ha muerto: monta un bar

¿Otra tediosa reunión de networking junto a personas tan desesperadas como elegantes, dispuestas a vender su alma al diablo por entregar su tarjeta de visita o compartir su perfil de LinkedIn con otra gente que, de tener influencia, jamás aparecería por allí? ¿Te has visto en alguna de éstas? Nosotros sí, y, afortunadamente, están abocadas a la extinción. Hoy la influencia no se persigue, se atrae. Además, el networking no siempre se traduce en relacionarse con nuevas personas, sino en asumir que, antes de conocer a más gente, debes priorizar entre los contactos que ya posees. Si deseas ampliar tu red, el primer paso se encuentra en tu lista de amigos, conocidos o familiares que puedan estar conectados con círculos de interés.

El 95 por ciento de los eventos de networking son una pérdida de tiempo. De hecho, el anfitrión suele ser la persona más relevante y la que, con seguridad, te indicará el invitado que no puedes «dejar de conocer antes de irte». Por lo tanto, la clave del networking es dejar de hacer networking. Si, además, nos lees desde España esto se acrecienta. Los españoles sólo hacemos networking cuando nos *aprieta el zapato*, cuando estamos desempleados o simplemente cuando la agonía por huir de un responsable se vuelve desesperante (casi nadie abandona una empresa: huye de un jefe tóxico). Esto produce un efecto perverso si acudes a un encuentro de networking. Como individuos hemos nacido para detectar el peligro, y una persona con una carga negativa o desesperada activa en nosotros una alerta de supervivencia. Nadie quiere tomarse un vino con un *nubenegra* o con el valle de lágrimas con piernas. La actitud abierta y colaborativa debe ser el eje transversal de estos encuentros. La cruda realidad es que no lo es. Raro es no encontrarse con los *canaperos* con copa de vino en la mano derecha y pincho en la izquierda, los *metefichas* que creen estar en First Dates, los *qué diablos hago yo aquí* que rehúyen cualquier tipo de interacción y hacen tiempo para no llegar a casa y los clásicos *cuñados*, cuya verdad absoluta ilumina cualquier conversación desde su atalaya de *responsable de departamento*. Todo ello, quizá llevado a cierto absurdo, oculta una realidad como un templo: en España el networking se hace en el bar; por lo tanto, debes montar el tuyo. Fíjate en el ejemplo que compartimos a continuación.

Sonia, una sonrisa y su tarro de piruletas

«Mi tarro de piruletas hizo más por mi influencia en la compañía que mi destreza con el Excel», admite Sonia:

> Me sentaba cerca de la puerta de entrada, paso obligado para los distintos departamentos de la multinacional en la que trabajaba. Saludaba a todos, sonreía a todos, mi mesa era la isla del buen rollo, de tomarse un tiempo de descanso y desconexión. Rara vez, y aunque estuviera a tope de tareas, ponía cara de decir «me estás interrumpiendo», prefería salir más tarde y compartir ese momento con mis compañeros. Siempre el mismo saludo, a todos por igual: «Hola, ¿cómo lo llevas? ¿Quieres una chuche?». Y allí fragüé las mejores conexiones. Yo siempre escuchaba, porque era lo que quería hacer, y lo hacía desinteresadamente, sabía de las dificultades de los proyectos y comencé a tener información de valor. Poco a poco, mi opinión empezó a tenerse en cuenta. Llegó la época de cambios, nueva cultura y metodología en la empresa, y ahora era invitada a casi todas las reuniones estratégicas. Al preguntar a recursos humanos por aquel cambio, me contestaron: «Los demás consideran importante tu opinión, siempre escuchas a todos, aportas calma, motivas al resto, muestras un liderazgo innato que provoca que los proyectos avancen. ¿Qué más razones quieres que te dé para decirte que eres importante en esta compañía y que por eso apostamos por ti?».

Piensa primero en este ejemplo y, ahora, en este dato: la primera opción para encontrar empleo, concretamente la de un 36 por ciento, fue a través de la red de contactos, prueba de que es la herramienta más efectiva. Y no hay que olvidar que existe una serie de vacantes que no se anuncian públicamente. Es lo que llaman el *mercado oculto*. Y es que el networking profesional no existe, no lo busques más; lo que existe son conexiones personales con diferentes objetivos. Aunque sea tu cliente, tu proveedor, tu socio, hablamos de una relación entre dos personas; por tanto, la clave es que seas tú mismo creando conexiones humanas de calidad.

En resumen, comienza a conocer gente real y a conectar con ella, hazlo de una manera útil y considerada y muéstrate como una persona de valor, porque, cuantas más relaciones reales tengas, mayores serán tus posibilidades en lo profesional. Avanzamos inexorablemente hacia un mundo donde necesitaremos más *net*, pues el *working* tal y como lo conocemos desaparecerá. No lo decimos nosotros, basta con bucear en los informes[9] del World Economic Forum, en los que se vislumbra un escenario donde la automatización, sumada a las tendencias económicas y a la exponencialidad de los avances en tecnología, llevará a una destrucción crítica de empleo para 2030. Así que no lo dudes y muéstrate al servicio. Nosotros ya estamos en ello. ¿Hablamos?

9. «Future of jobs report», World Economic Forum, mayo de 2023, <https://www3.weforum.org/docs/WEF_Future_of_Jobs_2023.pdf>.

4

Lo sentimos, Xavier

En 2023 murieron en España 433.163 personas, según el Instituto Nacional de Estadística,[10] lo que se traduce en una media de casi mil doscientas defunciones diarias. De las personas que nos dejaron cada veinticuatro horas, apenas doscientas estaban en situación inminente de muerte o paliativa, es decir, casi mil personas mueren al día pensando que hoy no será el último. Mañana lo harán otras mil, y así sucesivamente. Personas que, por azares del destino, marchan de este plano, por un accidente de cualquier índole, un ictus, un infarto u otra desgracia, gente que, en su mayoría, deja planes pendientes. Todo esto lo explica de manera brillante Miguel Ángel Tobías[11] en alguna de sus

10. «Estadística de defunciones según la causa de muerte. Año 2023», Instituto Nacional de Estadística, junio de 2024, <https://www.ine.es/dyngs/Prensa/es/pEDCM2023.htm>.

11. Conversación «Aprende a vivir sin miedo», YouTube, abril de 2024, <https://www.youtube.com/watch?v=yvdxoIelDP8>.

conferencias, y asumirlo es como un despertar de conciencia. Vivimos dos vidas, la segunda cuando nos damos cuenta de que sólo tenemos una y es finita. Vivir es urgente, todo es ahora.

Hacemos planes para mañana, para otro día o para «ver si nos tomamos una caña un día de éstos». Descuidamos el ahora y vivimos con la seguridad de que la semana que viene llegará, pero no será así siempre. Apreciamos a muchísima gente y muchísima gente nos aprecia. Personas a las que no dudamos en besar, abrazar y disfrutar, pero a las que, por alguna extraña razón, dejamos siempre para mañana. Somos expertos en procrastinar momentos mágicos, dejamos para el final ese rico postre a sabiendas de que, en ocasiones, la vida nos trae la cuenta antes de tiempo.

Los años traen consigo canas y lecciones a portagayola. Compartimos una de ellas, un aprendizaje que fue una punzada para el alma. Todo empezó allá por 2020: por avatares del destino, nos vimos con más tiempo, en casa y con el ordenador echando humo. LinkedIn sirvió de vía para conectar con excompañeros de trabajo por los que te interesabas, y, entre ese tumulto de amistades, dramas y comités de expertos, irrumpió la figura de Xavier Gabriel, empresario leridano más conocido por ser el propietario de la administración de lotería La Bruixa d'Or, que ha repartido más de 3.000 millones de euros en premios. Xavier se dedicó en cuerpo y alma a alentar a su comunidad con mensajes motivadores y lecciones corporativas y, en muchas ocasiones, a dar esperanzas a quien las perdía. Fue pura inspiración, y durante meses intercambiamos mensajes, al inicio de simple admiración y, finalmente, de amistad. Ya lo conocíamos por la excentricidad o, más bien, genialidad de postularse como primer turista espacial español y por su libro *Nada es imposible*,[12] hoy de lectura casi obligada, pero, con el transcurso del tiempo, nuestra relación a distancia se tornó en otra más cercana.

El verse y conocerse en persona quedó en *stand-by*, alguna vez por él y casi siempre por nosotros. Y pasó lo inevitable, lo que nadie quería, y nos devastó. El 5 de agosto de 2023 el bueno de Xavier Gabriel nos dejó para siempre, no sin antes batallar durante más de cinco años contra el cáncer. Era un luchador; buena muestra de ello fue lo mucho que plantó cara a la enfermedad. En nuestro recuerdo perdurarán su deslumbrante humildad y su cercanía. Apenas compramos lotería, pero, de hacerlo, procuramos adquirirla en Sort. Nuestro mejor homenaje.

Moraleja de la historia: abraza siempre que puedas, visita a las personas a las que quieres, a las que admiras y de las que puedas aprender. En tu teléfono guardas amistades especiales, ¿hace cuánto que no las visitas? Aparca Netflix por un momento y llámalas. Si puedes, organiza un reencuentro.

Hace apenas unas noches, Xavier volvió a nuestro recuerdo. Divagamos sobre lo mucho que habríamos aprendido de él y de las ganas con las que nos quedamos de agradecer su inspiración. Hoy su hijo lo sustituye al frente de la administración de lotería y del resto de empresas fa-

12. Gabriel, Xavier, *Nada es imposible*, Alienta Editorial, Barcelona, 2011.

miliares. Todo apunta a que ha heredado mucho de su progenitor y a que asumirá riesgos como su padre. Ojalá uno de ellos sea conocer a los autores de este libro. Nada es imposible.

Recuerda, si alguien te propone quedar, plantéale inmediatamente esta pregunta: «¿Cuándo?».

5

No critiques, no condenes, no te quejes

«No critiques, no condenes, no te quejes.» Ésta es la regla número uno de Dale Carnegie, una máxima que resuena en el corazón de toda interacción humana.

Nos llamó para un café urgente un conocido con quien habíamos colaborado puntualmente; sus prisas por la cita eran proporcionales a su angustia. Uno de sus mejores socios y amigos había iniciado a sus espaldas un proyecto muy similar al suyo; se sentía traicionado, defraudado, dolido y perplejo, y comenzó a desahogarse con nosotros. Sabíamos lo que vendría después, y no quisimos escuchar su enfado dirigido a un amigo común: queríamos ayudar, pero sin ser cómplices de sus críticas. Sólo le planteamos esta pregunta: «¿Cómo quieres que se te recuerde en esta historia? ¿Como alguien que habla desde el dolor para criticar a su socio o como una persona que, pese a esta vicisitud, saca lo que lleva dentro, que es generosidad y cariño? Ahora mismo, un círculo de personas sabedoras de estas circunstancias está observando, algunos esperando carnaza y, sin embargo, todos necesitados de ver un gesto de amor». Cerramos la conversación diciéndole que, aunque sólo fuera por dignidad, se merecía dejar a un lado la rabia, sin permitir que nadie, ni siquiera él, hablara mal de su antiguo socio, porque, de lo contrario, estaría hablando mal de sí mismo.

La crítica, aunque puede atraer la atención inicial de nuestro interlocutor, suele levantar el muro de la desconfianza. Nos preguntamos: «¿Quién será el siguiente en la lista de despiece? ¿Qué valor aportan realmente estos comentarios?». Recuerda esto: tu mensaje habla por ti, eres tú. Criticar es un juego peligroso del que nadie sale ileso. En cambio, si actuamos con empatía, podemos comprender el punto de vista del otro, sus motivaciones y desafíos. Nos ponemos en su lugar y vemos el mundo a través de sus ojos. Este ejercicio nos transforma en personas más comprensivas y con buen juicio, algo clave para el éxito en cualquier relación.

Seguro que también te has encontrado en mitad de un fuego cruzado, o has sido tú mismo quien se ha lanzado a la crítica o incluso quien la ha recibido. Aquí nadie está a salvo, pero tu actitud en este tipo de situaciones habla mucho de ti. Ser neutral no significa no tener opinión, significa que tu criterio no va nunca dirigido a juzgar a los demás. Recibirás mucho más alejándote de esa negatividad y te convertirás en alguien justo y, sobre todo, confiable.

La importancia de evitar la santísima trinidad de las conversaciones —política, religión y fútbol— es evidente en un mundo donde los temas de debate pueden ser un campo minado. Sin embargo, la lista de cuestiones sensibles no se detiene aquí; la piel fina cada vez lo es más y se ha expandido como la pólvora en la era de las redes sociales y el mundo digital. Por tanto, es vital cultivar la habilidad de encontrar terreno común, incluso en medio de diferencias aparentemente insalvables. Aplícate este mantra, a nosotros nos ha servido mucho: «Por defecto, las personas nos caen bien».

En tu mano está tener un superpoder que posee una minoría, y no es casualidad que estés ahora leyendo este libro. Tienes el superpoder de escuchar activamente y mostrar interés sincero en los demás, y cuando decimos *escuchar* no es solamente oír, es estar atento a cada detalle que observamos; esto te acercará poco a poco al nivel de conexión que mereces y que anhelas.

La primera regla para crear una relación es el interés sincero, conectar por el placer de hacerlo y con la intención de brindar tu afecto y ayuda. Ser maestro de esta regla supone no prejuzgar. Es fácil hacerlo por nuestras creencias, formación y entorno, más cuando sólo percibimos una parte de la realidad, no su totalidad. Lo explica bien la fábula que nos contó nuestro amigo y mentor Javier Simó:[13] «Viajaba en el tren un padre con sus dos hijos pequeños; los niños eran revoltosos y molestaban al resto de los viajeros. Una señora no pudo evitar reprocharle al padre su falta de control. El padre, con gran tristeza, le explicó que sus hijos estaban nerviosos porque su madre estaba

13. <https://javiersimo.es>.

ingresada gravemente tras un accidente y no sabían si llegarían a tiempo para verla por última vez».

La señora veía un comportamiento inadecuado en los niños ante un padre ausente (el mapa), pero no a una familia destrozada por un accidente (el territorio). Recuerda esto cuando observes algún comportamiento que no encaja en tus creencias y pregúntate si tienes el mapa o el territorio.

Quédate con esta idea: sé empático y comprensivo, evita la crítica y busca puntos de conexión, son actitudes básicas para construir relaciones de verdad y duraderas. Con ello, no sólo nos convertimos en personas más confiables, sino que también contribuimos a un mundo más compasivo y conectado.

6

La telaraña

No hace mucho descubrimos un estudio[14] de la Universidad Autónoma de Barcelona que presentaba una revelación impactante: la tela de araña es uno de los materiales más robustos que existen. Sí, has leído bien. Incluso supera al kevlar, la fibra sintética utilizada en los chalecos antibalas, y resiste cinco veces más tensión que el acero. Sorprendente la madre naturaleza, ¿verdad?

Ahora, imagina esto: ¿y si te dijéramos que tú también puedes construir tu propia tela de araña en forma de red de contactos? Sí, así, como lo oyes. Una red entrelazada donde el apoyo mutuo y sincero es la clave de nuestro crecimiento y bienestar. A menudo tendemos a ver nuestras

14. Jorge, Inmaculada, *et al.*, «Expression of spidroin proteins in the silk glands of golden orb-weaver spiders», *Journal of Zoology Part B-Molecular and Developmental Evolution*, 338, 4 (2022), pp. 241-253.

conexiones como si fueran un organigrama en el que algunas personas parecen tener más valor que otras. ¡Pues nada de eso! Y te presentamos a continuación una historia que conocimos de primera mano para que veas que se trata de un error garrafal.

Asistimos a una conferencia de José María Roger, un alto ejecutivo y consejero de varias empresas líderes en el IBEX 35, en la que compartió cómo había construido un imperio basado en la confianza y el respeto hacia cada persona en su empresa sin importar el cargo. Nos llamó la atención su éxito en Marruecos, el cual había comenzado años atrás, en Almería, al contratar a un joven con un pasado complicado: donde otros veían un riesgo, José María encontró potencial en él y lo trató siempre con dignidad. Cuando llegó el momento de expandirse internacionalmente, la clave para el éxito era lograr una alianza con un socio en Marruecos. Tras meses de negociaciones, un ejecutivo marroquí viajó a la fábrica de Almería y, durante la visita, mantuvo una larga charla en su idioma natal con el trabajador contratado por Roger. Curioso, José María le preguntó después a su empleado de qué habían hablado; la respuesta fue simple pero poderosa: «Sólo me ha preguntado si podía confiar en usted». El trabajador había respondido que siempre lo habían tratado con respeto y aprecio. Hoy, esa confianza es la base de una de las alianzas más fuertes del mercado hispanomarroquí.

Como has comprobado, toda persona es importante para fortalecer nuestra red y puede generar un grandísimo valor. Así como una telaraña captura presas para captar alimento, nuestra red de contactos es una aliada para capturar oportunidades profesionales, colaboraciones y conexiones con personas que enriquezcan nuestra vida y nuestra carrera.

Acuérdate de la historia de José María Roger. La decisión final llegó a través de un operario de la fábrica, no de un plan estratégico ni a consecuencia de los resultados económicos. Pon la creatividad de tu lado para generar la mejor red de contactos. Acércate a cada persona de una manera ingeniosa, mostrándote halagado de conocerla, pero manteniendo siempre tu autenticidad y esencia en todo momento.

Sin embargo, no hace falta ser un gran directivo como demostró Pepe, el padre de Sonia:

> Mi padre era portero, no de fútbol, sino de un bloque de dieciséis viviendas de la madrileña calle de María de Molina. Era la persona con más habilidades de atención al cliente que he conocido, cuidaba a los demás con suma profesionalidad y cariño. Al terminar mis estudios, me pidió que imprimiera diecisiete copias de mi currículum. Cuando llegaba un vecino, amablemente le preguntaba por su día mientras abría el ascensor y le entregaba el correo; con gran elegancia, retenía la puerta unos segundos, momento preciso para informar de que la última carta era mi currículum: en él podría encontrar mi trayectoria, aunque, como siempre decía, «lo mejor de ella no está ahí escrito», y se encargaba de ensalzar mis bondades. A veces pienso que el *pitch elevator* lo inventó él. Un día llegó Miguel, un joven ejecutivo de una multinacional, a comer con sus suegros, y mi padre hizo el ritual por el que todos lo adoraban: interesarse sinceramente por él, y,

mientras abría, la puerta del ascensor le entregó la última copia del currículum. El joven ejecutivo hoy es el presidente de la compañía donde he trabajado dieciséis años. Ambos siempre recordamos emocionados la anécdota de Pepe, mi padre.

En definitiva, nunca subestimes el valor de cada conexión en tu red de contactos. Desde la persona a la que saludas habitualmente hasta aquellas con las que mantienes lazos más fuertes, cada oportunidad de conectar de nuevo tiene el potencial de abrirte puertas e inspirar nuevas ideas. Si otorgas la misma importancia a cada contacto, crearás una red sólida y resiliente que te apoyará a lo largo del camino. Así que no olvides cuidar y nutrir las relaciones, nunca sabes qué oportunidades extraordinarias pueden surgir de ellas.

¡Tu red está llena de posibilidades, así que asegúrate de que cada conexión cuente!

7

Es un buen negocio

¿Te has detenido a pensar alguna vez en el increíble retorno de inversión que tiene ser una buena persona? No estamos hablando de ganancias monetarias instantáneas, sino de algo mucho más valioso y duradero: la satisfacción personal, el impacto positivo en los demás y la construcción de relaciones sólidas y significativas.

Parece que vivimos en una sociedad interesada, donde nuestros objetivos son cada vez más individuales, y la competencia entre nosotros es lo que marca el ritmo. Es muy cansado y, a la vez, muy ineficiente. La cooperación y la ayuda mutua son lo que de verdad te lleva al éxito. Y la clave, sin lugar a duda, es dejar de tener miedo a las personas como si fueran a dañarte, herirte o robarte. Es cierto que el buenismo y la ingenuidad tampoco son una opción, pero por el camino sabrás distinguir y no aceptar a personas que no necesitas a tu lado; aprenderás a dejarlas ir.

Imagina por un momento que ser buena persona fuese como una moneda de oro, una moneda que nunca se devalúa, que siempre tiene un alto valor en cualquier circunstancia. Cada acto de bondad por tu parte sería como acumular más y más de estas monedas. Ahora recuerda que tu mejor campaña de marketing siempre será la que hagan otras personas: al hablar de ti, siempre generará más impacto lo que digan los demás que lo que digas tú. Por tanto, una vez que eres consciente del poder que eres capaz de ejercer y, sobre todo, del resultado que puedes obtener, practica al máximo el ser buena gente. Te saldrá a cuenta. Y no olvides que el don que vas a reforzar con este libro lo llevas tú, pero nos pertenece a todos. Permítete que la gente sepa que estás ahí y que puedes servirle de ayuda.

Ahora bien, ¿qué pasa con aquellos que optan por el camino de la maldad? ¿Han calculado el coste real de sus acciones? La verdad es que la maldad es como una inversión de altísimo riesgo que, aunque no sabes cuándo, siempre termina por desmoronarse. Los que la eligen pueden obtener ganancias momentáneas, pero es como enfrentarse a Mike Tyson en un callejón: a largo plazo, la factura y el dolor son mucho más altos de lo que imaginan.

Por el contrario, ser una buena persona es un negocio sólido y sostenible. Piénsalo: ¿cuántas veces has experimentado la alegría de hacer sonreír a alguien, esa sensación reconfortante de ayudar a quien lo necesita o la gratitud de ser apreciado por tus acciones? Si los desalmados supiesen el gran rédito que supone ser buena persona y mostrarse así al mundo, no habría *hijueputas*.

La verdad es que el retorno de inversión de la bondad es inigualable. No se trata sólo de sentirse bien con uno mismo, sino de construir un legado de positividad y generosidad que perdurará mucho más allá de tu vida. Si, como nosotros, eres padre o madre, transmitir estos valores a tus hijos es un bonito regalo que les dejamos en vida.

Somos amigos de Àlex Armengol, que se define como disruptor, conector y buena gente. Con su currículum, otros optarían por otro tipo de presentación, uno en el que los resultados financieros de sus empresas hablasen por sí mismos. Sin embargo, él siempre dice: «Lo que de verdad tiene valor no se puede expresar con números». En su afán rompedor, en mayo de 2024 organizó un congreso de inteligencia artificial, el primero que se hacía en Andorra, con un hilo conductor que despistaba: un perro. El eslogan era «Inteligencia artificial para todos, incluso para animales». Quería acercar al pueblo las bondades de la IA con un evento de coste bajo y mucho valor. En esa organización les pasó de todo: no encontraban patrocinadores, le hackearon el sistema de venta de entradas, se cayeron algunos de los ponentes estrella... Cualquiera con dos dedos de frente habría cancelado el evento pensando que una retirada a tiempo es una victoria. Pero nuestro amigo sólo quería acercar la IA a las personas para mejorar sus vidas. Así que el congreso se celebró, y resultó tan exitoso como deficitario. Días después, le pasó algo inesperado: uno de los ponentes pagó todos los gastos de la convención. La razón es que había conseguido crear una alianza increíble gracias a las conexiones que Àlex promovió durante el congreso. Hoy hemos tomado café con nuestro amigo y ya está preparando una nueva edición.

Por lo tanto, la próxima vez que te enfrentes a un dilema entre hacer lo correcto o lo fácil, recuerda esto: ser una buena persona es el mejor negocio que puedes emprender. No sólo estarás enriqueciendo tu vida, sino también la de quienes te rodean.

8

La gratitud lo cambia todo

¿Alguna vez te has preguntado la diferencia entre ser educado y ser agradecido? Nosotros no reflexionamos tanto sobre ello hasta que comenzamos a escribir este ensayo, pero es una pregunta importante, más cuando tienes este libro entre tus manos y buscas ganar influencia y generar conexiones reales.

Ser educado es lo que nuestras abuelas llamaban «tener buenos modales». Dices «gracias» y «por favor», eres amable y correcto. Es perfecto para impresionar a los suegros. Ser educado es el envoltorio bonito de un regalo. Está bien, pero es estándar. Y nadie quiere ser estándar, ¿verdad? Tú eres especial y quieres ser recordado, y aquí entra el ser agradecido. No se trata sólo de decir «gracias» por quedar bien, sino de sentirlo de verdad y expresarlo. La educación sigue normas sociales, la gratitud sale de las tripas. La educación evita conflictos, la gratitud crea vínculos emocionales profundos y mejora la salud mental.

Pongamos un par de ejemplos. Imagina que tu vecino te ayuda a recoger un paquete que te ha llegado cuando no estabas en casa. Si eres educado, simplemente le dices «gracias por recogerlo» y sigues con tu día. Si eres agradecido, más tarde le envías un mensaje en el que le expresas cuánto aprecias su ayuda, y cuando hablas con otros vecinos mencionas lo atento y amable que ha sido al echarte una mano. En el caso de la familia, ser educado es decir «gracias por la cena». Ser agradecido es reconocer el esfuerzo y expresarlo tal que así: «Sé que estás cansado, y, aun así, me has hecho la cena; gracias por cuidarme tan bien». Pequeños matices que, repetidos en el tiempo y multiplicados en personas, marcan la diferencia en tu entorno. Y, si piensas que esto es ser moñas o cursi, es porque te falta más de lo que crees para estar listo y recibir lo que te mereces. Espabila, lo más escaso que tienes es tu tiempo.

Cicerón, hace más de dos milenios, ya mencionaba que la gratitud es la madre de todas las virtudes; incorporarla como hábito cambiará nuestra manera de ver y sentir, puesto que es una actitud realmente poderosa, si no la más. ¿Cómo podemos ser agradecidos? Siendo empáticos y humildes. Aprendiendo a reconocer y valorar a los demás y entendiendo que nuestros logros también se deben a su ayuda y apoyo.

Gratitud y abundancia

Imagina esto: te levantas por la mañana, medio dormido, y, en lugar de jurar en arameo porque no hay leche para tu café, decides agradecer que tienes café. ¡Zas! Acabas de activar la magia de la gratitud. Suena un poco a Disney, pero es real, y te prometemos que funciona mejor que una varita mágica.

Por contra, la mentalidad de carencia es como un agujero negro emocional. Te arrastra con pensamientos del tipo «no tengo suficiente», «me falta esto», «necesito aquello». Y, como eco de tus reflexiones, el universo te devuelve lo que proyectas: más de esa sensación de falta y de carencia. Imagínalo como pedir pizza y que te entreguen ensalada. ¿Quién se sentiría satisfecho con eso? Seguro que tú no, y menos si la pizza trae piña, que es lo que seguramente recibiríamos.

Con las relaciones pasa exactamente lo mismo: no agradecemos lo suficiente, y damos por hechas tantas cosas, que se nos escapa lo afortunados que somos por todo lo que poseemos. Por ese amigo leal que está a tu lado siempre, por aquel con quien no tienes una relación tan cercana como te gustaría, pero con el que cada vez que quedáis es un festival de buena vibra, por ese otro que te aconseja como el mejor gurú y que hace sombra al mismísimo Tony Robbins. Por tu madre, tu padre, tu abuelo, tu hermano... Hay personas muy valiosas en tu vida que te quieren porque sí; quizá cuando se alejen comencemos a apreciarlas como merecen. Si es que incluso solemos pensar mal por pequeñeces: «Sé que ha leído el wasap, y aún no me ha contestado». ¿Por qué no te dices: «Seguro que está buscando el momento ideal para responderme»? Y, sobre todo, agradece cuánto bien te hace contar con esas personas leales y excepcionales a tu lado. Este cambio te ayudará a ganar salud emocional, y créenos, mereces tenerla.

En definitiva, ser educado está bien, pero ser agradecido transforma vidas. La buena educación es la base, pero la gratitud es lo que realmente construye relaciones. La próxima vez que digas *gracias*, dilo con sinceridad, y recuerda que el agradecimiento no es sólo cortesía: es la esencia de nuestras conexiones y nos hace mejores personas. Así que acércate a los demás con gratitud y deja que su magia haga el resto.

9

No es magia, es reciprocidad

¿Te has parado a pensar alguna vez en la importancia de tratar a los demás como te gustaría que te trataran a ti? Lo sabemos, suena a típica frase que nos dijeron hasta la extenuación nuestros padres en la infancia, pero encierra uno de los secretos más poderosos e infravalorados que existen: la reciprocidad. Y no hablamos de hacer ni de devolver favores.

La reciprocidad es la fuerza que impulsa nuestras relaciones. Cuando te preocupas por tus contactos, mantienes una sana relación con ellos y los apoyas sin esperar nada a cambio, siembras una semilla que, con el tiempo, dará fruto. ¿Qué necesita para germinar? Dos ingredientes esenciales: cariño sincero y paciencia. ¿Te suena familiar?

Te preguntarás: «¿Cómo aplico este principio en mi vida diaria?». Primero, sé generoso, permanece alerta a las necesidades de los demás y ofrece tu ayuda de manera proactiva y sincera. Cada pequeño gesto cuenta; de hecho, son los que más cuentan. Borra de tu cabeza esa frase que dice que «tu móvil parará de sonar cuando dejes de ser tú el que envía los mensajes». ¿Qué más da quién los envía? Lo importante, no es quién, sino la relación y todo lo que se crea con ella. En ocasiones seremos nosotros más proactivos y otras veces lo serán los demás. Las relaciones no son un *tie break* en el que uno gana porque aventaja a otro en dos favores, es más bien como un equipo de natación sincronizada. Habrá situaciones en las que estés bajo el agua, impulsando a otra persona para que emerja, y momentos en los que será al revés.

En segundo lugar, construye relaciones auténticas. Olvídate de acumular contactos como si fueran seguidores de Instagram o millas de Iberia. Se trata de conexiones reales basadas en la confianza. ¿Prefieres tener mil contactos superficiales o unos pocos que realmente valen oro? La calidad siempre supera a la cantidad. Cuando te preocupas por el bienestar de los demás, creas lazos que perduran. Nadie huye de quien le hace sentir bien y le muestra afecto. Serás un imán para las buenas personas y las mejores oportunidades.

¿Y sabes qué es lo mejor? La reciprocidad no es una transacción. No es *hoy por ti, mañana por mí*. No se trata de generar deudas emocionales, sino de confiar en que, haciendo lo correcto, llegarán relaciones sólidas que, llegado su momento, podrán ofrecerte oportunidades valiosas, instantes mágicos o alivio y consuelo en situaciones complejas. ¿Suena sencillo? Lo es, y también es poderosamente cierto.

En nuestro caso, en el terreno laboral las oportunidades germinaron así. Sembramos y obtuvimos fruto; no buscamos, atrajimos. Creímos en la magia de la reciprocidad. Ningún reclutador pensó en nosotros para los puestos que desempeñamos en su día en consultoría o banca o en los distintos departamentos de la multinacional donde trabajó Sonia.

No esperes recompensas inmediatas. Construye una red de apoyo basada en la generosidad y el respeto mutuo. La verdadera magia reside en que, al cuidar de tu entorno, también te cuidas a ti mismo, pues creas un ciclo de bienestar y éxito compartido.

Nos viene a la mente nuestro amigo Fran, más conocido como «El Pequeño Nicolás». Su imagen pública está totalmente distorsionada: es un tipo tan locuaz como empático. Siempre dispuesto a ayudar y servicial, con una red de contactos única y con un carisma imponente. Pero Fran ha vivido momentos oscuros y grises, quizá demasiados y a una temprana edad. Era fácil acompañarlo en sus días de gloria, aunque no tanto en su lúgubre peregrinar judicial y en sus horas más bajas. «Ven a Club84, Fran, y disfruta; conoce a gente nueva y de un entorno distinto, desconecta y energízate junto a otros talentos. Te vendrá de fábula.» Un plan fácil de sugerir cuando el otro está en la cima, no tanto cuando transita por el desierto. Nos agradece siempre el gesto. Allí ha conocido a personas con las que ha forjado una gran amistad, lo que le ha servido de válvula de escape. Nos queremos y admiramos. Él sabe que tiene unos amigos reales, y nosotros, a una persona leal en nuestra red que nos ayuda a menudo. Qué juego tan bonito es la vida.

Siembra hoy desde el desapego. Hazlo con un gesto sencillo, un e-mail, una llamada, un wasap. Apaláncate en la tecnología y ponla a tu favor, convierte tu móvil en una herramienta de crear y fortalecer vínculos. Activa el poder de la reciprocidad. Es casi imposible resistirse a él. Es un bumerán de aprecio y oportunidades que siempre viene de vuelta. Todos quieren festejar la gloria de las personas que los cuidan, y harán más de lo que piensas para celebrarlo y que siga la fiesta. No desdeñes su poder y actúa a su favor.

Algunas personas piensan que este principio rezuma cierto egoísmo, pero así es el efecto bumerán. Generar sentimientos agradables en otras personas hará que te sientas mejor. Es un egoísmo bueno, muy bueno, del que sentirse orgulloso.

10

Menos de lo que tardas en elegir una serie de Netflix

¿Quién no ha experimentado la indecisión frente al extenso catálogo de Netflix, esos minutos, incluso horas, en busca de la serie perfecta? Es un dilema común en esta era de sobreabundancia de opciones. Sin embargo, ¿te has detenido a pensar cuánto tiempo inviertes en esta tarea aparentemente trivial? Si, además, cogemos el teléfono móvil y sumamos el perverso bucle de estados de WhatsApp, Instagram, X, TikTok y alguna otra *red antisocial*, el enganche ya se vuelve delirante. Sabes de lo que te hablamos porque todos hemos estado abducidos en ese letargo del que cuesta tanto salir; y, cuando lo haces, te sientes frustrado y cansado.

«No tengo tiempo», una frase que cualquiera ha pronunciado en algún momento. Con sólo tres palabras, justificamos nuestra falta de acción, pero también sacrificamos excelentes oportunidades. Estamos atrapados en un frenesí constante de múltiples responsabilidades y actividades. Aburrirse ya no es una opción. ¿Y qué sucede al final? Nos agotamos, nos desanimamos y anhelamos un momento de desconexión, una conexión real o un simple respiro para nuestra mente saturada.

Pero ¿y si te dijera que puedes obtener un valioso retorno invirtiendo una fracción del tiempo que dedicas a elegir una serie de Netflix? Imagina esto: en lugar de perder minutos preciosos en un interminable bucle de tráileres, podrías estar cuidando de tu entorno, fortaleciendo tu red de contactos y, en definitiva, mejorando tu salud. Al otro mundo sólo te llevarás los momentos vividos, así que procura que sean lo mejor posible.

Te proponemos un trato: dedicar el tiempo que normalmente pasarías navegando por opciones de entretenimiento a practicar el Método DTM. ¿Cómo? Es simple. La misma herramienta que utilizas para consumir contenido audiovisual también puede servirte para nutrir tus relaciones. Hablamos del teléfono móvil.

En tu agenda digital, más que simples nombres y números, atesoras conexiones valiosas, los datos de personas con las que has compartido momentos, experiencias y vínculos. ¿Por qué no invertir un poco de tiempo cada día en mantener y mejorar esas relaciones? Si has llegado hasta aquí, ya sabes que mostrar interés sincero por los demás, cuidar de entornos de apoyo mutuo y rodearse de personas que te impulsen hacia el éxito y la felicidad es una operación de alto rendimiento. Ahora conoces el qué. En la siguiente sección del libro te aportaremos el cómo. Un plan de treinta días para enriquecer tu vida y tus relaciones y con el que ganarás salud y carisma.

No subestimes el poder de la reciprocidad y la atención personalizada. Mientras te comprometes a enriquecer la vida de los demás, también cosecharás beneficios inesperados, como la mejora en la salud emocional, un necesario sentido de pertenencia y conexiones más profundas y significativas.

En definitiva, la próxima vez que te encuentres navegando por el interminable catálogo de las plataformas para quedarte zombi en el sofá, recuerda esta propuesta: ¿prefieres dilapidar tu preciado y escaso tiempo en una búsqueda sin fin o, por el contrario, te atrae la idea de invertirlo en cultivar relaciones con personas que te aprecian y que realmente importan? La elección es tuya, pero recuerda: el tiempo es un recurso limitado y valioso. ¿Por qué no utilizarlo de manera sabia y provechosa? Danos un voto de confianza y pruébalo. No cambies nada en tu vida. Simplemente, las veinte horas a la semana que de media se pasa uno en redes sociales utilízalas para establecer conexiones reales y, si puedes, hacer ejercicio al aire libre. Sólo esto ya transforma la vida de cualquiera.

Comienza ahora tu transformación. Bienvenido al Método DTM.

Parte 2

El método DTM

11

Introducción al método DTM: primero da

El protocolo de treinta días que vas a descubrir a continuación plantea el concepto de *dar* como la filosofía que lo vertebra. Hablamos de una regla no escrita que funciona en grado sumo. En pocas ocasiones uno siente que da, que se entrega o regala y que nunca recibe. Jamás lo haces con dicho propósito obvio, y, como dice nuestro amigo Cipri Quintas,[15] se debe «dar sin esperar, recibir ni recordar». Pero es que funciona incluso si lo que se espera es recibir. Se trata de una ley universal.

Piensa por un momento en la lección que nos regalan los millonarios, aquellas grandes fortunas que utilizan esta ley a su favor. Si has tenido ocasión de compartir momentos, comidas o veladas con ellos, habrás observado que un

15. Quintas, Cipri, *Sawubona. El secreto del verdadero éxito*, Alienta Editorial, Barcelona, 2022.

millonario jamás da propinas como el resto de las personas: ellos se apalancan en el principio de dar primero. Acuden a un restaurante y dejan la propina antes de que les brinden el servicio. La primera vez que lo ves, quedas perplejo; a la segunda ya has observado su efecto y sólo te deleitas con el espectáculo.

¿Qué ganan al iniciar la experiencia con una propina? Una atención de primera, la gratitud del empleado y regar la estancia de una energía abundante, además de dejar huella entre todo el *staff* y ser recordados si en alguna ocasión regresan.

¿Qué se obtiene cuando la propina se deja para el final? *A priori*, se manifiesta el agradecimiento por el servicio prestado, que no es poco, pero nada más; de hecho posiblemente el equipo de la sala brinde un mejor servicio al cliente que venga después de ti —esto es maravilloso—, pero uno no disfrutará de la magia de la gratitud que ha generado. Los ricos saben esta lección y la ejecutan con precisión. Dan más de lo que reciben... y reciben en abundancia. Los demás no lo entienden o incluso piensan en ello como una mera excentricidad. No lo creas. Haz la prueba y comparte tu experiencia enviándonos un mensaje a nuestro número de WhatsApp.[16]

Dar primero transforma cada interacción en algo extraordinario. Como decía Nelson Mandela: «No hay mayor regalo que el de dar tiempo y energía para ayudar a otros sin esperar nada a cambio». El protocolo de treinta

16. Por si eres de los que se saltan la introducción y van directos al grano, te recordamos aquí nuestro número: +376 394 380.

días te invita a aplicar esta filosofía, a demostrarte que, al dar sin reservas, recibirás en abundancia. Atrévete con el primer paso y observa cómo el mundo te devuelve multiplicado todo lo que has compartido.

Por último, recuerda que «un gran poder conlleva una gran responsabilidad».[17] Haz el bien con los principios que vamos a explicarte en los siguientes capítulos. Tienen tal poder de influencia e inspiración, que es obligado desarrollarlos desde el servicio, la abundancia y el amor.

17. Frase atribuida a Damocles, Winston Churchill, Franklin D. Roosevelt y Spider-Man.

12

Día 1: el semáforo

Pensemos:

- De todos los contactos que conservas en tu móvil, ¿con cuáles te gustaría tener una relación más cercana?
- ¿Cómo estás actuando para que eso suceda?
- ¿Dedicas a todos por igual tu bien más escaso, es decir, tu tiempo?

¿Cuántos contactos tienes en tu móvil? Quizá nunca te lo hayas preguntado. Te invitamos a que lo chequees. Lo cierto es que, cuando se descubre el número, a casi todo el mundo le sorprende: a algunas personas por exceso, y a otras, por su baja cantidad. Lo que siempre es coincidente es el enorme potencial inexplorado que se aloja en esos contactos.

Sinceramente, poco importa el número, ya que depende de factores como la edad, la profesión y el entorno social y cultural. Por nuestra experiencia, y dado que los últimos datos oficiales sobre registro de contactos en dispositivos móviles data de 2011, la media de personas que tienes guardadas en tu agenda oscila entre las trescientas cincuenta y las quinientas.

Llevamos años compartiendo consejos y alentando a la gente a generar una mejor relación con sus contactos, y hemos convivido con personas de espectros opuestos. Por ejemplo, Francisco I. apenas guarda veinte nombres en su dispositivo; ¿quiere eso decir que sólo cuenta con dos decenas de amigos o familiares? No: significa que hace un uso radicalmente práctico de su móvil. Padre, madre, hermana, esposa, hijo, jefe y amigos íntimos. Tampoco se ha creado perfiles en redes sociales. Por el contrario, Javier A. ostenta el mayor registro de contactos que hemos conocido, ya que guarda datos de casi treinta mil personas en su agenda. Lo mejor es que ambos, a pesar de estar en puntos de partida asimétricos, pueden desbloquear la enorme energía que atesoran. Todos tenemos la capacidad, incluso Francisco I., de liberar el potencial relacional que guarda nuestro dispositivo. Y a ello vamos.

La pregunta que toca hacerse ahora es la siguiente: ¿con cuántos de tus contactos quieres una relación significativa? Es obvio que la respuesta no será la misma si hablamos de ese compañero de colegio al que dejaste de ver hace años que si nos referimos a tu mejor amigo. Partimos de la base de que es imposible destinar la misma cantidad de energía, tiempo e intención para generar un vínculo con cada uno de ellos, pero verás que todos son importantes.

Vamos a clasificar tu agenda de contactos en grupos, en función de la relación afectiva que mantienes actualmente con ellos. No será un registro estático: con el tiempo deberán migrar de unos grupos a otros.

El objetivo de este ejercicio es crear rutinas efectivas para enriquecer la relación con tus contactos. Dicho de otro modo: queremos alargar y mejorar tu vida. ¿Suena presuntuoso? Para nada. Está demostrado[18] que las personas con entornos afectivos reales y saludables viven más y mejor y son más felices e inteligentes. Rindámonos a la evidencia.

Pero, antes de iniciar el primer ejercicio, vamos a *dejar ir*. *Dejar ir* es un acto voluntario, pero recomendable; significa eliminar de tu lista a aquellos con los que no esperas compartir lo más escaso y valioso que posees, tu tiempo. Si alguien se queda, es por apego. De lo demás debes despedirte con agradecimiento por los momentos compartidos —es necesario generar ese sentimiento de amor, porque es propio de tu calidad humana—, aunque con la convicción de que ya no estáis en el mismo punto del camino.

Esta previa del ejercicio te puede remover, y, si la realizas bien, sin duda lo hará. No te preocupes: hazla cuando quieras y sólo si quieres.

Avanzamos. Toca clasificar a toda tu red de contactos. Si tienes quinientos, te llevará poco tiempo; si tienes trein-

18. Pinker, Susan, *El efecto aldea*, Editorial Funambulista, Madrid, 2022.

ta mil, como es el caso de Javier A., te supondrá días. Debes crear cuatro grupos y distinguirlos bien unos de otros, ya sea por colores, letras o signos. Sé creativo, inventa tus propios marcadores. Nosotros utilizamos los colores de un semáforo: verde, amarillo y rojo, y añadimos también el negro.

El siguiente punto es elaborar una lista para cada grupo; es muy sencillo, y, dado que los dispositivos y su *software* avanzan a velocidad de vértigo, preferimos no indicarte el paso a paso, pues quedará obsoleto en meses (en cualquier caso, si necesitas una guía, sólo necesitas pedírsela a Google o a una inteligencia artificial. Plantéale: «Cómo crear paso a paso una nueva lista de contactos en [aquí, indica el modelo de tu dispositivo]»).

Una vez creadas las listas, llega el momento de clasificar cada contacto. Si continúas el ejercicio basándote en nuestro método del semáforo, los grupos quedarán configurados de la siguiente manera:

- **Grupo verde**: contactos con los que tienes una relación casi diaria, los *friends & family*, las personas que siempre están ahí. Hazte esta pregunta: «¿Los invitaría a mi boda?». Si la respuesta es un rotundo sí, entonces deben estar en la lista verde.
- **Grupo amarillo**: contactos con los que tienes buena relación, aunque no tan fluida ni cercana. Son personas que te aportan y te gustan. Te encantaría que fueran a tu boda, pero no les envías la invitación porque aquello sería un bodorrio a lo Lolita Flores. Como diría nuestra amiga Mónica Galán: «Si no has

entendido este guiño, te jorobas, por joven y guapo». Esta clasificación debería ser la más numerosa.

- **Grupo rojo**: son personas que estuvieron en tu vida; tuvisteis un vínculo en su momento, aunque vuestra relación actualmente es escasa, lejana o casi nula. Aquí encontrarás a amigos del barrio y del pueblo, excompañeros del trabajo, de la universidad y del colegio, gente de tu práctica deportiva o incluso ese aliado de fechorías nocturnas de cuando salíais de juerga. También están aquellos profesionales con los que la relación es habitual y, de momento, no afectiva. Este tipo de contacto puede pasar con relativa facilidad al grupo amarillo. No desprecies el alto potencial de dicho color: nosotros fuimos rojos y hoy estamos casados y con una hija.
- **Grupo negro**: contactos con nulo valor relacional o afectivo, es decir, aquellos teléfonos que necesitas para tu día a día o para ocasiones puntuales, como el colegio de los niños o el número de cita previa de una Administración. Es raro incluir a personas en este grupo, aunque, visto el resultado de nuestro propio estudio, sorprende comprobar que la inmensa mayoría almacenamos contactos con los que no queremos ningún tipo de relación o incluso con los que, de encontrarnos de frente en una calle, cambiaríamos de acera. En estos casos, si los almacenamos, debe ser porque obtenemos de ellos algún tipo de beneficio o ayuda. Sin embargo, si absorben energía o producen rechazo, es el momento de borrarlos. De liberar carga emocional y desearles lo mejor.

Una vez establecida la clasificación, que implicará su inversión de tiempo y energía —sobre todo, si has dejado ir a muchos—, es hora de crear un plan de acción, que consistirá en impactar en tus contactos. Definimos *impactar* como generar una conexión de valor, ya sea un encuentro, una llamada o videollamada, un vídeo, una nota de voz... La intención es que el otro perciba un interés real por tu parte. Eso sí, para que un método funcione, debes hacerlo tuyo, adaptarlo a ti; lo único que te pedimos es que no planifiques nada artificial, que siempre seas tú. Lo impostado huele a kilómetros y provoca rechazo. Así:

- **Los verdes** recibirán al menos dos impactos al mes. Son tu tribu, tu entorno, tu familia, tus amigos, los primeros con los que compartes alegrías y tristezas, aquellos con los que, aunque no los veas por un tiempo, vuestra relación está intacta. Amigos de pala.[19] Sabemos que los cuidas, que te cuidan, y es casi seguro que quedas con algunos, pero resulta casi imposible hacerlo con todos; sin embargo, por ese motivo no vas a dejar que pase un mes sin saber de ellos, y no nos vale con un *me gusta* en Instagram, un emoji o algo vacío. Habla con ellos, llámalos, dedícales una videollamada, cualquier cosa que demuestre que los quieres más que hace un mes. Porque será la verdad: al final, la esencia de la vida es compartirla, y ellos son tus lugartenientes. No dejes que las rutinas y el día a día te priven de este placer.

19. <https://www.instagram.com/p/C94YnWMsytV/>.

- **Los amarillos** recibirán un impacto al mes. Los aprecias sin que sean de tu tribu; quizá quieras estar más tiempo con ellos, o, al menos, no dejar pasar mucho sin saber cómo están, sin mostrar un interés sincero. Por eso, al menos una vez al mes, a los contactos de esa lista vas a llamarlos o a enviarles un mensaje; si es de audio, incluso mejor. Y si les propones quedar para veros, te coronas. Mensualmente, crearás un contacto afectivo de calidad. Hazlo con desapego al resultado, no pasa nada si no te responden como esperas. Te aseguramos que vas a crear magia, y, si aciertas, permanecerás en la mente y, sobre todo, en el corazón de muchas personas.
- **Los rojos** recibirán un impacto al año. No tenéis una relación afectiva, de momento, pero, aun así, son interesantes y quieres hacérselo saber. Si es su cumpleaños o Navidad, estará bien un acercamiento, aunque no lograrás mucho impacto, dado que en esas fechas todos esperamos recibir un aluvión de mensajes. Hazlo también en otras fechas, sin razón concreta o con algún motivo. En el capítulo «Día 3: las etiquetas», te damos ideas valiosas.
- **Los negros** representan aquellos números que mantienes sólo por razones prácticas o por una necesidad puntual. Como te hemos comentado, debes eliminarlos si no cumplen esta misión y te están drenando energía.

Ejercicio del capítulo

- Revisa todos los contactos que tienes. Te recomendamos que dejes ir a aquellos con los que no tienes ni quieres una relación afectiva. Elimínalos de tu agenda. Hazlo con agradecimiento.
- Crea cuatro listas diferentes y márcalos con un nombre, un color, un emoticono..., lo que prefieras. Nosotros utilizamos los colores de un semáforo y, además, el negro.
- Clasifica a tus contactos dependiendo de tu actual relación con ellos en las diferentes listas.
- Impacta en tus contactos según su clasificación: verdes (como mínimo, dos veces al mes), amarillos (una vez al mes), rojos (una vez al año) y negros (de nula relación afectiva).
- Sé auténtico, nada impostado ni interesado; sé real. En definitiva, sé TÚ.

13

Día 2: los contactos zombis

Pensemos:

- ¿Cuántos contactos inactivos (zombis) tienes en tu móvil?
- ¿Recuerdas la última vez que hablaste con ellos?
- ¿Cuántos de esos contactos podrían beneficiarse de una reconexión?

A lo largo de la vida acumulamos múltiples contactos en el teléfono, ya sean amigos, familiares, colegas, conocidos de eventos y hasta personas a las que apenas recordamos. Algunos de estos contactos se han convertido en lo que denominamos *contactos zombis*. Son aquellos con los que no hemos interactuado en mucho tiempo, quizá incluso hayamos olvidado el motivo de su inclusión en nuestra agenda. Hoy vamos a resucitar a esos zombis y a devolverlos a la vida.

La dejadez, la sensación de falta de tiempo (que nunca es real), el olvido o un poco de todo son los motivos para que un contacto se convierta en zombi. Cualquiera de nosotros ha dicho eso de: «¿Qué habrá sido de fulanito?». Perfecto: hoy vas a contestarte a esa pregunta, porque el objetivo del capítulo es retomar o mejorar vuestra actual relación.

Llega el momento de conocer el plan de acción, en esta ocasión con la táctica 1-1-3 (un contacto-un mes-tres meses).

En el capítulo anterior, te pedimos clasificar a los contactos. Muchos zombis deben de encontrarse en la lista del semáforo rojo, y estamos convencidos de que con algunos has dudado entre mantenerlos y dejarlos ir. Si analizas bien vuestra situación, muy probablemente te nacerán emociones diversas: indiferencia, ansiedad, alegría. Todo estará bien.

La intención es lo primero para recuperar un contacto, es decir, debes tener ganas de retomar la relación: si te sigue costando dar ese paso por pereza, por vergüenza o porque te resta energía, déjalo ir de una vez por todas, elimínalo de tu agenda. La vida quizá os vuelva a poner en el mismo camino.

Después de la intención, pondremos energía en el proceso, y vendrá bien un poco de memoria. Recuerda por qué está en tu agenda la persona en cuestión: ¿es un compañero de estudios?, ¿un vecino?, ¿un antiguo colega? ¿Tenéis alguien en común que os une?... Y dinos: ¿qué sabes hoy de él? Las redes sociales son nuestras aliadas, en ellas puedes encontrar información valiosa.

Por último, ¿cuánto hace que no sabes nada de esa persona? ¿Unos meses?, ¿un año?, ¿una década?... Esto suele dar reparo —cuanto más tiempo transcurre, más nos cuesta retomar el contacto—, pero es normal, no te preocupes, porque el punto clave para el éxito es el desapego: sea cual sea el resultado, piensa que todas sus posibilidades son buenas. Con los primeros contactos zombis sentirás algo de pudor, de vergüenza, al reactivar la relación. La mente juega estas malas pasadas, pero, cuando lo haces desde la convicción sincera de interesarte genuinamente por la gente que ha pasado por tu vida, ese pudor dura un instante. Una vez que tienes el hábito y la destreza, fluyes sin miedo. Todo es perfecto y cualquier interacción es genial.

Ya tenemos el punto de partida: por qué os conocisteis, qué os unió y quizá algo de información actual; ahora envíale un mensaje de texto o de audio, cuanto más directo y cercano, mejor. Pregúntale cómo está, recuérdale cómo os conocisteis, incluye alguna anécdota que os una a ese recuerdo. Dile la verdad, que estabas pensando en ella o en él, en cómo le iría; que has visto algo que te ha recordado su presencia. Sé sincero, genuino, alegre. Sé siempre tú.

Lo más probable es que te conteste. Celébralo, ya habrás reiniciado los motores de vuestra relación. El primer paso, que es el más complicado, estará hecho. Los siguientes serán más fáciles. Antes de un mes, vuelve a contactar. Seguramente te vuelva a contestar, o quizá te sorprenda tomando la iniciativa.

El tercer contacto será en los siguientes tres meses. Deberías disponer de información más concreta para entonces sobre su situación, sus intereses, sus retos o sus preocupaciones. Toda esta información es valiosísima, como descubrirás en el «Día 3: las etiquetas», donde te contamos cómo usar estos datos.

Si has recuperado el contacto y la relación vuelve a ser intermitente, ya no es tu responsabilidad, sino su elección, y debes respetarla. También puede que no te conteste al mensaje, aunque sepas que lo abrió y lo leyó. No pasa nada, todo está bien. Contactarás de nuevo dentro de tres meses. Si el silencio vuelve a ser su respuesta, será obvio que os encontráis en momentos diferentes; en tal caso lo mejor es dejar ir a esa persona que pasó por tu vida. Sin reproches o remordimientos. Has hecho lo correcto.

Para finalizar, queremos expresar lo que sentirás al poner en práctica esta iniciativa y, sobre todo, lo que sucederá cuando la integres en tu vida. De inicio, el pudor lo gobierna todo, te sumerge en un halo de vergüenza en el que tu mente dice: «¿Qué pensará esta persona de mí tras tanto tiempo?». Pero, afortunadamente, dura poco. Cuando recibas las amables y positivas respuestas de las personas con las que contactas, sentirás la magia del aprecio y la reciprocidad. Pasados unos meses, cuando tu móvil te indique que hoy debes interesarte por unas personas concretas, sentirás emoción y alegría y dejarás de lado el pudor, porque ya sabrás lo bonito que llega después de tu sincero mensaje de conexión.

Antes de pasar al siguiente día, permítenos compartir una anécdota de Sonia: era el contacto zombi de Sofía, una amiga de la universidad con la que vivió muchas experiencias. Por cosas de la vida, se fueron separando, hasta que la relación, durante más de dieciocho años, fue casi nula; de hecho, Sofía *estaba guardada* en la lista del semáforo rojo. Hace unos meses, llamó a Sonia porque se encontraba de viaje con su familia e hizo una parada en Andorra. El reencuentro fue mágico: recordaron vivencias, conocieron a sus respectivos hijos, se pusieron al día y hablaron de proyectos futuros con la misma conexión que tuvieron de jóvenes. Sonia sintió dos cosas: en primer lugar, fue consciente de que había echado mucho de menos a Sofía; y, por otro lado, estaba feliz de recuperar la relación. Hoy, su amiga está en la lista del semáforo ámbar, y Sonia quiere seguir cerca de ella y que no vuelva a ser un zombi.

Ejercicio del capítulo

- De la lista de personas del semáforo rojo elige a aquellas con las que tengas una relación intermitente y la intención de retomarla y mejorarla.
- Haz memoria sobre esas personas: dónde y cuándo os conocisteis, qué os une... Mira sus redes sociales para ver cómo están ahora.
- Envíales un mensaje recordándoles vuestro vínculo; interésate sinceramente por ellas. Sobre todo, debes ser tú mismo.
- Si te responden, has reiniciado la relación; vuelve a contactar dentro de un mes y, luego, en los siguientes tres meses.
- Si no te responden al primer mensaje, envía un segundo al cabo de tres meses. Si el silencio es su elección como respuesta, entonces déjalas ir: elimina el contacto. Hazlo con agradecimiento.

14

Día 3: las etiquetas

Pensemos:

- ¿Cuántos detalles personales o profesionales conoces de tus contactos?
- ¿Qué impacto lograrías recordando información valiosa para conectar mejor con personas de tu entorno?
- ¿Cómo podrías utilizar esta información para fortalecer tus conexiones y crear oportunidades únicas?

Todos etiquetamos a las personas, inevitable y constantemente. Somos seres sociales, y el cerebro analiza y clasifica la información verbal y no verbal de nuestro entorno, esto es oro molido si lo utilizamos bien. Tú decides qué, cómo y cuánta información quieres recordar de tus contactos.

El objetivo del presente capítulo es aprender a utilizar esta información de la mejor manera, no sólo para ti, sino también para tus relaciones.

Antes de continuar, permítenos hacer un ejercicio; para ello necesitamos un contacto al azar, por ejemplo, el sexto que tengas en la agenda por la letra *j*. Ahora piensa: ¿cuánto sabes de esa persona? Nos referimos a datos inusuales, como el nombre de sus padres o el de su mascota, dónde veranea, cuál es su plato de comida favorito, el lugar donde os visteis por primera vez, de qué equipo es... Estamos convencidos de que conoces más a esa persona que lo que reflejas dentro de su área de contacto. Y, también, de que se drena muchísima información valiosa por no guardarla correctamente, con la pérdida de oportunidad que eso supone.

Volvamos ahora a pensar en la información de valor que ya tienes o que puedes reunir de tus contactos: gustos, aficiones, estudios, pasiones, retos, amistades, familiares... Está claro que será poco probable que lo memorices todo; por eso utilizarás tu dispositivo móvil para reunir ese conocimiento tan valioso, perfecto para crear conexiones de calidad.

Agrega los datos que quieras sobre tu contacto en el campo «Notas». Puedes editar esta área las veces que quieras y sumar información casi infinita sobre la persona en cuestión: tenemos la certeza de que puedes reunir muchísimos apuntes y reseñas sobre ella, algo que en un futuro le generará un gran impacto.

Compartimos un ejemplo contigo para que visualices mejor lo que te planteamos. Nuestro amigo Xavi Cortés nos invitó a la fiesta de dos *influencers* del sector *fitness* en Andorra. Allí conocimos a Ángel, un empresario de Ibiza.

Hablamos con él y su simpática mujer sobre negocios inmobiliarios, su interés en Andorra, su pasión por el surf en Bali y su amor por la gastronomía, en especial, la balinesa. Cuando guardamos el teléfono de Ángel, en el campo «Notas» añadimos: «*#inmobiliario #inmobiliario_andorra #ibiza #surf #bali #comida_balinesa #nuevos_restaurantes*» y el nombre de su pareja. También, el día en que lo conocimos y la persona que nos presentó.

A los pocos días, Jennifer, nuestra gestora de banca, nos remitió un detallado informe sobre el sector inmobiliario del país. Su valor era indudable, y sin dilación lo compartimos con todos los contactos que tenemos guardados bajo este interés, incluido Ángel. Su respuesta, además de destilar un sincero agradecimiento, nos posicionó como personas valiosas para él. A nosotros nos costó apenas diez segundos, y el impacto que generamos lo seguimos disfrutando hoy.

Acostúmbrate a dar, no te guardes nada. El universo te lo traerá todo de vuelta y multiplicado.

Una vez que guardas los datos importantes de tu contacto, llega el siguiente paso: cómo vas a utilizar esta información. Puedes hacerlo de dos maneras:

- Individualmente: consulta las notas de cada persona para recordar sus intereses. Esto es útil cuando tratas con gente con la que no tienes un contacto frecuente o cuando quieras reactivarlo, ya que te ayudará a encontrar motivos para mantener esa relación.
- Colectivamente: escribe la etiqueta en la app, de la misma manera que buscas un nombre de contacto,

y verás a todas las personas a las que se la has asignado. Esto es lo que hicimos en el ejemplo de Ángel: impactarás no sólo en uno, sino en todos los que comparten ese interés. Además, esto te ayudará cuando quieras *matchear* a dos o más de tus contactos con intereses comunes.

Cuando tengas información interesante, chequea quién tiene esa etiqueta y compártela con un mensaje corto y eficaz: «Vi esto, pensé en ti, podría interesarte». Este acto sencillo genera un gran impacto en tu interlocutor. A todos nos gustan las personas que piensan en nosotros de manera real y altruista. Ser esa persona no es un trabajo, es una habilidad que perfeccionarás con el tiempo. Así ganarás carisma e influencia, cualidades que posee ese 1 por ciento de personas con un aura especial, como tú.

Ejercicio del capítulo

- Añade en el campo «Notas» del contacto etiquetas que identifiquen sus intereses y sus gustos.
- Cuando tengas información valiosa que desees compartir sobre un tema específico busca en la app de contactos la etiqueta que corresponda. Obtendrás la lista de las personas que comparten ese interés.
- Si tienes que compartir, hazlo con un mensaje que transmita que piensas en esa persona y disfruta de la reacción.

15

Día 4: recordatorios que marcan la diferencia

Pensemos:

- ¿Has olvidado algún momento importante de alguno de tus contactos?
- ¿Cómo reaccionas cuando eso pasa: te justificas o te sientes mal?
- ¿Crees que, si alguien te importa de veras, es necesario realizar acciones para que lo sepa?

La vida a veces nos atropella. Se nos junta solicitar una cita con el médico o una reunión con un cliente con renovar el certificado de la administración, sacar las entradas del concierto antes de que se agoten... Encima, el primo José Mari se casa y no tienes el vestido. Por no mencionar que también debes estar al tanto de tu pareja, tus hijos, tus padres... Mucha memoria y poco tiempo.

El objetivo de este capítulo es que tomes conciencia de la importancia de estar presente en momentos señalados de tus contactos y que, de una manera fácil, generes un hábito para incrementar la calidad de tus relaciones.

Cuando eliges el camino de destacar e impactar en tus contactos es vital que recuerdes sus eventos importantes; no sólo hablamos de sus cumpleaños, sino de aquellos que son relevantes para ellos y de los que, además, no esperan que nadie esté pendiente. Ahí radica la clave, en generar un efecto *wow*.

Te sugerimos que te apalanques en la tecnología, incluso en la inteligencia artificial. Tu agenda de papel tradicional es perfecta, salvo que no te envía recordatorios, y éstos son importantes. Aplicaciones de agenda hay tantas como gustos y necesidades; sin ir más lejos, mira en tu móvil, porque seguramente ya tengas una. Nosotros utilizamos Google Calendar, pues nos ayuda a gestionar mejor el tiempo y las actividades; es muy útil a la hora de incluir recordatorios y se integra con nuestra lista de contactos.

Las alarmas que utilizamos en el calendario del móvil, o en la app que elijas, se van a convertir en tu mejor aliado, en ese Pepito Grillo, asistente o como te guste llamarlo con la función de contribuir a que estés presente en los momentos señalados de las personas que nos importan. Todo se puede programar, así que resulta la mar de fácil recordarles a tus amigos que es su segundo aniversario de casados y que vivimos instantes mágicos en su boda, o esa operación médica planificada desde hace tantos meses que por fin llega o que hoy es el día que les entregaban las llaves de su nuevo coche o su casa, por no hablar del impacto que genera que tu amigo te felicite por el cumpleaños, no por el tuyo, sino por el de tus hijos o tu pareja.

Ve poco a poco, deja que la cosa fluya, que se convierta en un hábito, para que luego puedas destacar en esta habilidad. Permanece atento y anota en la agenda aquellos eventos importantes de las personas que quieres. Empieza por los comunes: cumpleaños, nacimientos, un nuevo trabajo..., sin dejar en el olvido los que no sean tan positivos. Añade incluso las anécdotas más inesperadas, algo que casi ni la persona protagonista recuerda. Todo esto te servirá de pretexto para enviarle un mensaje de valor, y tan importante es el motivo como la forma de expresarse: hazlo siempre desde el corazón. Entonces será cuando aciertes en la diana.

Y precisamente aquí encontramos una de las claves de este ejercicio: sólo debes prestar atención al motivo por el que envías el mensaje; no hables de ti a la primera, sé generoso, porque recibirás más de lo que des. Por supuesto, tras esa comunicación inicial, es muy posible que surja una conversación, momento en el que podrás abarcar otros aspectos si lo deseas.

Te contamos una anécdota que nos marcó y nos mostró el inmenso potencial que tiene el recordar, convirtiéndose en una fuente de inspiración. A los dos días de trasladarnos al país donde actualmente residimos, nuestra hija se rompió el brazo; imagínate: cajas por todos lados, desorden, estrés... No sabíamos ni dónde estaba el hospital. Afortunadamente, el accidente quedó en un susto y ella se curó perfectamente. Al poco tiempo, surgió la oportunidad de compartir esta información con un empresario relevante, dueño de una agenda tan completa como una playa de Benidorm en agosto. Pasados unos días, tuvo un gesto que ha marcado nuestra relación para siempre: nos llamó para preguntar por nuestra hija, cuyo nombre recordaba perfectamente. «Hola, ¿cómo van las cosas? ¿Ya estáis completamente instalados en el país? Y, sobre todo, ¿cómo se está recuperando Adriana, le han quitado ya la escayola?»

Nos explotó la cabeza. Nos sentimos tan honrados por su interés sincero, que en ese momento, vimos claro que deseábamos a aquella persona siempre en nuestro entorno. Un hombre con el que apenas teníamos relación, pero que se interesaba por lo que más queremos y, precisamente, en un momento relevante para nosotros. Una persona ocupada con mil gestiones que atender, que dedicó lo más valioso que posee, su tiempo, para hacernos sentir importantes para él. ¿Qué le costó? Apenas unos segundos para anotar en su agenda datos como el nombre de nuestra hija y la fecha en la que se había roto el brazo y programar una alarma para preguntarnos cómo evolucionaba. Hoy, aunque no nos veamos tanto como nos gustaría, mantenemos una relación excepcional. Se llama Jesús Lamberto y ayuda a centenares de empresarios a expandir sus negocios, pero, sobre todo, es una gran persona, un excelente conector y un mejor navarro.

Ejemplos para activar un recordatorio y mantener el contacto con la persona que quieres hay centenares. Te dejamos los más comunes: un nacimiento, un nuevo trabajo, un despido, una cita médica, un viaje de placer, una enfermedad, una defunción, un logro académico o empresarial, un noviazgo o un divorcio, un hito deportivo o, simplemente, una espectacular velada. Existen tantos como tu ingenio decida.

No dudes ni un segundo en aplicar esta iniciativa e integrarla a tu día a día. Se trata de un hábito que atraerá abundancia a tu vida. Pon a tu servicio la tecnología y verás cómo tu entorno lo agradece y ganas amor e influencia.

Ejercicio del capítulo

- Elige una aplicación que te ayude a recordar los momentos clave de tus contactos. En nuestro caso, esa app es Google Calendar.
- Anota los eventos importantes y programa la app para que te los recuerde en el momento en el que lo necesites.
- Empieza poco a poco: crea el hábito que te llevará a tener la habilidad de estar presente y que te aprecien como alguien de valor.
- Envía un mensaje centrado sólo en el evento en cuestión: queremos que destaque el hecho de estar pendiente de tu contacto. Si después se inicia una conversación, podrás ponerlo al día de tu vida.

16

Día 5: precumpleaños

Pensemos:

- ¿Qué sensación te provoca acertar cuando regalas algo?
- ¿Cómo podrías destacar si todas las personas hacen lo mismo en el mismo momento?
- ¿Quieres ser la persona que provoca sorpresa y una sonrisa?

Las oportunidades para contactar son ilimitadas; algunas de ellas, como las navidades, provocan un aluvión de mensajes a nuestros contactos con los mejores deseos. Otra brillante ocasión es el cumpleaños, cuando la persona a la que escribimos se siente especial porque recordamos el día de su nacimiento. Precisamente por tratarse de una fecha tan señalada, cuenta con que le lleguen las felicitaciones. La mayoría serán mensajes por WhatsApp con divertidos emoticonos. Es lo que se espera. Es lo que normalmente se recibe.

El objetivo de este capítulo es ser recordado como alguien diferente. Si haces lo mismo que la mayoría, desde luego que serás importante, pero también serás uno más. Al compartir este libro contigo pretendemos que aumente tu carisma en cualquier circunstancia y que saques provecho de todas las oportunidades que surgen para fortalecer tu red de contactos.

Para sorprender a una persona por su cumpleaños, atrévete a enviarle una felicitación un día antes; será tan sencillo como grabar la fecha en tu dispositivo y activar una alarma que salte veinticuatro horas antes. Fácil. Muy fácil. El mensaje será claro: «Sé que mañana es tu cumpleaños» —que quede claro que recuerdas perfectamente el día exacto—. Continúa diciéndole lo mucho que te gustaría que tuviera una fiesta estupenda; si ese año la esperan nuevos retos, anímala y asegúrale que celebraréis su éxito juntos; si ha superado un obstáculo, dale la enhorabuena. Puedes enviarle una foto que simbolice algún momento importante o cómplice en vuestra relación. La idea es hacerla sentir especial para ti.

Por supuesto, el día de su cumpleaños también la felicitarás, pero con la diferencia de que fuiste el primero.

Un consejo fundamental: debes ser sincero; ya sabes que alguien impostado o falso, además de ser cazado rápidamente, suele dar una imagen penosa.

Nos viene a la mente esta anécdota de Borja que ayuda a entender la magia de esta iniciativa:

A Jaime solía felicitarlo todos los años; fuimos compañeros en la Escuela Superior de Administración y Dirección de Empresas (ESADE) y vivimos una época estupenda. Después, procuramos vernos siempre con cierta frecuencia, pero nuestra relación se fue enfriando. Durante un tiempo, hice lo mismo que El Corte Inglés, Iberdrola o Telefónica, es decir, enviarle dos felicitaciones al año, por su cumpleaños y en Navidad, sin ningún impacto emocional. Eran mensajes calcados que lanzaba vía WhatsApp y a los que Jaime me respondía: «Gracias, espero que estés bien, a ver si hablamos».

Hace unos meses, encontré una foto de nuestra época de estudiantes; se nos ve divertidos, animados. Recuerdo perfectamente que nos la tomaron el día que fuimos a reventar el *catering* de una jornada anual de *alumni*. No me lo pensé mucho y la compartí con él la víspera de su cumpleaños; le recordé lo mucho que nos reímos ese día haciendo el gamberro en aquel entorno tan poco canalla. Asimismo, le deseé la mejor de las celebraciones para el día siguiente. Es más, estaba con tal subidón, que enmarqué la foto y se la envíe. Me sentí fenomenal. Pero lo mejor fue la reacción de Jaime: al recibir la foto, me llamó, hablamos y nos reímos durante un buen rato. Recuperar el contacto resultó genial no sólo en lo personal, también en lo profesional, dada su extraordinaria visión estratégica sobre los negocios, algo que apliqué a mi emprendimiento y me sirvió de ayuda.

Esta idea del precumpleaños funciona porque es un elemento sorpresa: rompes la rutina, logras un impacto único al demostrar que estás atento y das una alegría. ¿Y todo esto cuánto te cuesta? El tiempo que tardas en grabar en tu agenda el doble recordatorio (el del precumpleaños y el del cumpleaños) y enviar un mensaje bonito y personalizado.

Es más, seguro que te verán como alguien organizado y detallista, y lo que puede que te sorprenda es que crearás un efecto dominó en tu red, pues tu idea inspirará a tus contactos.

Prepárate para impactar, dejar huella, destacar de una manera sana y ser recordado por llegar el primero. Este pequeño gesto se convertirá en un gran acierto entre las personas de tu entorno. Como dirían los *marketers*, pasarás a estar en el *top of mind* de las personas que aprecias.

Ejercicio del capítulo

- Revisa que tienes la fecha de cumpleaños en la ficha de los contactos a los que quieres impactar.
- Asegúrate de activar también una alarma de precumpleaños.
- Envía una felicitación desde la emoción, sincera y bonita. Simplemente, haz sentir a esa persona que es importante y que tenéis una conexión.
- Recuerda felicitarla también el día del cumpleaños.

17

Día 6: hazle caso, por favor

Pensemos:

- ¿Has tenido la sensación de ser invisible, aunque hayas estado rodeado de personas?
- ¿Te imaginas vivir todo un año sin saludar jamás a tu vecino, a un compañero de clase o del trabajo o a un amigo?
- ¿Qué emoción te asalta cuando sabes que guardas contactos en tu agenda con los que tuviste o tienes algún vínculo y con los que nunca interactúas?

Es como tener un potencial a tu alcance y no utilizarlo. Como tener un Ferrari aparcado en tu garaje y jamás superar los 30 km/h. Como tener la mayor *delicatessen* en la nevera y dejar que se pudra. Eso es lo que estás haciendo al no interactuar con las personas que hay en tu agenda.

Piensa que, si figuran en ella, es porque, de algún modo, mantenéis un vínculo que debe permanecer vivo, porque tu entorno social mejorará y porque, de lo contrario, cerrarás la puerta a oportunidades maravillosas que llegan a través de otros.

El objetivo de este capítulo es que seas muy consciente de la importancia de mantener vivo un vínculo con todas las personas de tu agenda, incluidas las clasificadas en el grupo rojo (acuérdate del Día 1).

Imagina a tu hija ansiosa, como nos sucedió a nosotros, por acudir a La Velada de Ibai Llanos. Como es tan buena niña, le prometes que irá, pero accedes a la página web oficial de venta de entradas y te encuentras con un *sold out* de libro. Tu hija, muy decepcionada, pierde la oportunidad de ver a sus ídolos de cerca, y, como progenitor no sabes qué hacer. Tras el pánico inicial, y sabiendo que has aplicado bien el Día 3, buscas la etiqueta «Real Madrid»: como por arte de magia, aparecen tres estupendas personas. Todas con palco vip. Esos genios que no necesitan ir a por las entradas porque, directamente, se las ofrecen.

Apenas dos wasaps después, no sólo tienes las entradas para La Velada, sino también acceso a la zona de *influencers*. Un momento increíble para reivindicar el incalculable tesoro que almacenas en tu agenda de contactos y explicarle a tu hija la magia de las relaciones. Por cierto, Plex ganó su combate y nuestra hija Adriana fue doblemente feliz.

Clasificar bien a las personas en tu agenda de contactos y estar al tanto de sus intereses te ayudarán a mantener una red más viva y, a la vez, a que tu carisma aumente. Porque, sea como sea esa clasificación, nunca sabes quién te puede sorprender o ayudar, y esto es motivo suficiente para que, a través de hábitos sencillos, generes una red sólida. No se trata sólo de recibir, sino de corresponder y estar al servicio de los demás siempre que puedas.

Vivimos en un mundo cambiante, donde todo llega a una velocidad insólita, muy rápido. Casi ni da tiempo a disfrutar, las cosas se saborean en píldoras inmediatas y efímeras; mira las redes sociales: impactos fugaces en cadena que llamativamente te mantienen absorto y pegado al móvil durante demasiados minutos.

Por esta razón debes ir a la contra del movimiento insustancial. Hablamos de tu red de contactos: ellos no son fugaces. O, bueno, puede que sí, en el caso de que no sepas cuidarlos. Hay mil y una razones para que mantengas vivos los vínculos con las personas que están en tu agenda. Elige la tuya. Será un triunfo para tu vida en todos los sentidos, ya que este mundo de chispazos pide a gritos que nos humanicemos y nos ocupemos los unos de los otros. Hoy es una sorpresa mayúscula que alguien se acuerde de ti y te escuche, y, sobre todo, que te lo haga saber. Entrarás de lleno en el club del 1 por ciento.

Serás antifrágil,[20] serás capaz de superar vicisitudes que

20. Taleb, Nassim Nicholas, *Antifrágil*, Ediciones Paidós, Barcelona, 2024. Ser antifrágil no es sólo soportar el estrés o sobrevivir a él, sino aprovecharlo para mejorar o fortalecerse. Cada vez que te enfrentas a un desafío, en lugar de debilitarte, te vuelves más fuerte y capaz. Ser antifrágil es algo así como tener la habilidad de convertir las dificultades en oportunidades para mejorar. Un buen ejemplo es el cuerpo humano: con

en la actualidad no imaginas: un despido, una enfermedad, una muerte cercana, una traición... Es obvio que nada de esto se puede evitar, pero sí está en tu mano paliar el dolor apoyándote en personas con las que te relacionas. Da igual cuántos contactos haya anotados en tu agenda: esto no va de números; aquí lo que importa, lo que te distingue, lo que te eleva, es con cuántos mantienes un vínculo afectivo.

Por eso es necesario que, si tienes un contacto guardado, generes una interacción al menos una vez al año. Debes fijarte en dos cosas importantes: por un lado, utiliza sólo los motivos que te hagan sentir que eres tú mismo, pues lo impostado no gusta nada ni a nadie, a ti el primero. Por otro, hazlo desinteresadamente y con cariño, eso sí nos gusta a todos.

Compartimos contigo este listado de razones para contactar. Con tu imaginación podrían ser cientos más:

- Navidad o Año Nuevo (el motivo por excelencia).
- Cumpleaños y onomásticas (las redes sociales son tus aliadas para recordártelos).
- Festividades locales (seguro que tienes un amigo de otra provincia que no se espera recibir felicitaciones ni que nos acordarnos de su tierra).
- Promociones profesionales o aniversarios sugeridos por una red social (LinkedIn es experta en esto).
- Logros académicos personales o de los hijos.
- Los nacimientos en la familia.
- Reconocimientos o premios recibidos.

---

el ejercicio, los músculos se enfrentan a un estrés y, como resultado, se hacen más fuertes.

- Vacaciones o viajes especiales.
- Invitaciones a eventos relevantes (si estás planificando uno y quieres invitar a muchas personas, es una ocasión perfecta para reforzar el vínculo).
- Jubilaciones (es posible que ahora disponga de tiempo para que lo compartáis).
- Participación en conferencias o eventos importantes (felicítalo si es uno de los organizadores o ponentes).
- Aniversarios de eventos importantes compartidos (aún recuerdas con quién viste el gol de Iniesta, ¿verdad?).

Los motivos son infinitos. Encuentra el tuyo. Nosotros a veces estamos viendo una serie y un simple fragmento nos recuerda a alguien. ¿Qué hacemos? Pues anotar el capítulo y el momento y enviárselo a la persona. Queda fascinada y halagada, y, además, es divertido explicarle por qué la recordamos con *La casa del dragón*, *Los Bridgerton* o *Cuéntame cómo pasó*.

Ejercicio del capítulo

- Si tienes un contacto en tu agenda, es porque al menos vas a interactuar una vez al año con él.
- Escoge un motivo, siempre tendrás alguno para hacerlo, y las redes sociales te van a ayudar.
- Distínguete del mundo de impactos instantáneos y ocúpate de hacer saber a tus contactos que te interesas por ellos. Nada gusta más. Nada te elevará más.

18

Día 7: límite cuarenta y ocho horas

Pensemos:

- ¿Has vivido alguna vez la situación de conocer a alguien, conectar y dejarlo en el olvido?
- ¿Cuánto tiempo tardas en olvidar el nombre de una persona a la que acabas de conocer?
- ¿Has dicho aquello de «una vez conocí a alguien que...» y nunca más supiste de esa persona?

El olvido, el abandono, es una crueldad silenciosa que borra recuerdos y diluye las emociones. El objetivo de este capítulo es generar el hábito de cuidar de los vínculos desde que nacen y que nadie sabe hasta dónde os llevarán ni cómo impactarán en vuestras vidas. ¡Como para no cuidarlos desde el inicio! Eso sería muy insensato.

Unos amigos celebraron una cena de bienvenida para

una pareja que acababa de mudarse a Andorra. Los recién llegados hablaron sobre cómo se estaban integrando en el país, sus intereses y sus aficiones. A este respecto, comentaron su incipiente interés en temas de longevidad a raíz de un documental. La velada fue estupenda, y, al día siguiente, enviamos dos mensajes: uno de gratitud a nuestros anfitriones y otro a los nuevos contactos, junto con nuestra disposición para hacer el mejor aterrizaje en el principado y una invitación a una conferencia de longevidad que se iba a celebrar en Andorra en unos meses.

No habían pasado veinticuatro horas y ya habíamos creado un vínculo, que hoy se mantiene y disfrutamos. Por supuesto, toda la información de interés que recopilamos en el fluir de las conversaciones sobre la pareja recién conocida la incluimos en etiquetas, y creamos las correspondientes alertas para estar al tanto de sus intereses y encontrar así infinidad de motivos para seguir conectados frecuentemente.

Reforzar la primera impresión es vital. De esta manera, anclamos a la persona en nuestro recuerdo y generamos una percepción de interés sincero durante más de cuarenta y ocho horas para interactuar, ya sea recordándole lo agradecido que estás de haberla conocido o brindándole alguna ayuda. ¿Cuántas veces se juzga a una persona erróneamente por una primera impresión y, con el paso del tiempo, ésta se vuelve importante para nosotros? La gentileza nunca pasa de moda y permite desviar una posible mala percepción inicial.

Si te comportas de esta forma, irás agudizando tu destreza social con el paso de las interacciones. A todos nos gusta sentirnos presentes para los demás. Al recordar detalles de vuestra conversación y hacer un seguimiento en los primeros dos días, demostrarás que la otra persona no es sólo un número más en tu lista de contactos o con la que compartiste un momento puntual, sino alguien que merece la pena tener presente. Esta forma de actuar es a su vez la manera más sencilla de crear nuevas oportunidades. Nunca sabes adónde puede llevarte una nueva conexión gestionada de manera afectiva y efectiva. La persona a la que acabas de conocer podría ser el amigo que te presente a tu próximo cliente, al amor de tu vida o a un inspector de Hacienda. Las oportunidades surgen cuando menos te lo esperas, siempre y cuando se hayan gestionado bien.

Han pasado ya varios años, pero aún recordamos con cariño a Carlos, y te contamos por qué. Carlos puso un mueble a la venta en Wallapop: era el cachivache ideal para José Antonio, nuestro hermano o cuñado, según quién hable. Como el coche de nuestro familiar era pequeño decidimos acompañarlo con nuestro Toyota para realizar la compraventa. Pues bien, cuando llegamos a casa de Carlos, el vendedor, observamos, no sin decepción, que el tamaño del mueble superaba la dimensión de carga del Toyota. ¿Qué hizo él? Prestarnos su coche, mucho más amplio. Por esto y por un precio ajustado fue merecedor de la mejor reseña. Lo sorprendente, y por lo que merece espacio en este ensayo, es que, al día siguiente, Carlos escribió para preguntar si el mueble había subido bien por el ascensor y si había encajado en el salón. No dábamos crédito. Si hubiera seis estrellas en la app, se las habría llevado. Sólo seguimos a un usuario en Wallapop: ¿adivinas a cuál?

En resumen, la pregunta no es qué puedes obtener de las conexiones, el quid de la cuestión es qué puedes aportarles tú a ellas. Ésta será tu mejor tarjeta de presentación, porque vas a convertirte en alguien al que adoren, en esa persona que representa al 1 por ciento que gestiona de manera activa su red y que no permite que pasen más de cuarenta y ocho horas para mostrarse al servicio de los demás.

Ejercicio del capítulo

- Identifica los intereses de las personas a las que acabas de conocer. Tienes que saber escuchar para reconocerlos.
- Añade etiquetas y configura alertas para encontrar motivos para continuar en contacto y que no quede en el olvido vuestra relación.
- Muéstrate presente (con mesura): haz seguimiento, comparte información de valor, organiza una nueva quedada.

19

Día 8: a los treinta días de añadir un contacto

Pensemos:

- ¿Cuántas relaciones valiosas podrían haberse convertido en algo extraordinario si hubieras enviado ese mensaje al mes de conoceros?
- ¿Qué crees que pasaría si cada nuevo contacto que haces hoy se convirtiera en un aliado fiel dentro de treinta días?
- ¿Cuántas oportunidades estás dejando escapar simplemente por no tomarte treinta segundos para recordarle a alguien que aún estás aquí y listo para sumar?

En el paso de Borja por la banca comercial, aprendió dos habilidades y sumó buenos amigos a su vida: un excelente bagaje para tan breve lapso. De los amigos —Roberto, Yago, Javi, Álex...— disfruta siempre que puede, pero son las habilidades que adquirió las que le han permitido alcanzar metas que ni soñaba. Nos referimos a la persistencia y al seguimiento. No se venden pólizas de seguros, planes de ahorro o fondos de inversión estructurados sólo por una cara bonita, al menos no con la suya, je, je, je.

Estas destrezas comerciales las puedes extrapolar al mundo de las relaciones y las amistades, no sólo al de la venta. Nuestro amigo —y, posiblemente, el mejor comercial que conocemos— Luis Monge Malo[21] insiste en ellas. De hecho, incide en que vender es como ligar, y eso es justo lo que hacemos nosotros: ligar relaciones de amistad y afectivas con personas a las que apreciamos y que son de nuestro pleno interés. Un *match* relacional, un Tinder de vida.

En el universo de convertir contactos en relaciones no hay ofertas ni Black Friday, pero sí herramientas para que las relaciones se lubriquen y no exista fricción. El seguimiento es la mejor de ellas, y desempeña un papel fundamental. Da igual cuándo hayas conocido a esa persona que te presentaron y con la que mantuviste una conversación. Escribirle a las cuarenta y ocho horas es crítico (recuerda el Día 7), e insistir a los treinta días también. Si has hecho bien el trabajo previo, es decir, si sabes cómo se llama, cuáles son su trabajo y sus inquietudes, quién os presentó, la conversación que mantuvisteis y el lugar don-

21. <www.mongemalo.com>. Luis escribe cada día un email con un consejo de ventas.

de se produjo el encuentro, será relativamente sencillo encontrar puntos de unión. Además, en treinta días habrán sucedido decenas de cosas que pueden ser de interés para ambos, y será un momento perfecto para que te perciban presente.

Insistimos mucho a lo largo del ensayo en que hacer este tipo de seguimiento te convertirá en una persona diferente: no te tratarán igual y serás especial para el resto, y, a medida que perfecciones esta destreza y la transformes en un hábito, irás creando un círculo virtuoso a tu alrededor. Las oportunidades, el amor y la salud se multiplicarán. Nos sorprende lo poco que se explota esta habilidad. Conocemos la alineación del Real Madrid, pero seríamos incapaces de relacionarnos con ellos. Ojo, tampoco podríamos con el vecino, no creas.

Por eso, desde este momento debes incluir siempre un par de alarmas en tus contactos. La primera, en las cuarenta y ocho horas transcurridas inmediatamente después de conocerse, algo muy sencillo y que casi no precisa de aviso; la segunda, a los treinta días. Gracias a la primera, tu contacto pensará: «Caramba qué atento es, qué persona tan genial». Pero es con la segunda interacción con la que te ganarás un hueco en su corazón: «*Wow,* éste es un tipo extraordinario. Qué suerte haberlo conocido. Voy a estar a su servicio como él lo está al mío».

Generar el efecto *wow* sólo te va a llevar a lugares mágicos. Atraerás a personas y abundancia a tu vida. No nos creas: simplemente, practícalo un par de meses. Comprobarás lo placentero y estimulante que es mantener relaciones que valen millones.

Ejercicio del capítulo

- Activa una alarma en tu agenda pasado un mes de conocer a un nuevo contacto y envíale un mensaje interesándote sinceramente por él. Si chequeas redes como LinkedIn para informarte bien y ser aún más preciso y detallista en tus comunicaciones, te coronas.

20

Día 9: siempre en alerta

Pensemos:

- ¿Imaginas el impacto en tus relaciones y negocios si siempre supieras cada novedad sin esfuerzo?
- ¿Cómo cambiaría tu día a día si una herramienta te mantuviera al tanto de lo que realmente importa?
- ¿Qué beneficios lograrías al anticiparte a las necesidades o intereses de tus contactos con información valiosa?

Tenemos una amiga fan de una artista: se sabe toda su vida, obra y milagros. Mónica Naranjo es la artista, no nuestra amiga (aún). Es casi imposible que no aparezca en alguna conversación como si fuera una invitada más de nuestras quedadas. Sabiendo esto, queremos estar siempre al tanto de las vicisitudes de la artista. Un día recibimos un correo con la noticia de un nuevo espectáculo de la diva y, de inmediato, enviamos a nuestra amiga un mensaje junto con la noticia: «Mónica estará en este festival, seguro que será algo épico, como todo lo que hace».

Este gesto nos costó menos de treinta segundos, pero su impacto fue mucho más duradero. Sentir y saber que una persona te tiene afecto y que, además, lo demuestre con pequeños detalles así, logra que el vínculo afectivo sea más auténtico.

El objetivo de este capítulo es conseguir un impacto positivo en tus contactos al situarte como alguien detallista y atento, compartiendo con ellos información de valor, sin destinar mucho tiempo por tu parte.

Ahora te explicamos cómo lo vas a lograr tú. Primero queremos hablarte de Google Alerts, que es lo que nosotros utilizamos para lograr el impacto en las personas que nos importan. Si aún no la conoces, es una herramienta gratuita que rastrea internet y te notifica por correo electrónico sobre los temas que le indiques —el nombre de una persona, una marca, noticias...— sin la necesidad de buscar activamente.

¿Cómo se configura Google Alerts? Es muy fácil:

- Ve a la página de Google Alerts.
- En el área para crear una nueva alerta, escribe el tema del que quieres estar informado. Por ejemplo: «Mónica Naranjo».
- Personaliza los resultados: puedes elegir el tipo de fuentes de la información que deseas (noticias, blogs, vídeos...), la frecuencia con la que se actualizan los

avisos (una vez al día, una vez a la semana...) y la dirección de correo electrónico donde quieres recibir las alertas.
- Recibe y comparte: ahora te llegará información relevante que podrás compartir con tus contactos.

¿Qué te parece si probamos con otro ejemplo? Entre nuestros contactos están los socios de Club84, un grupo de empresarios y emprendedores líderes en su sector y genios en sus áreas. Cada uno de ellos tiene intereses específicos, y para nosotros es muy importante estar informados tanto de dichos intereses como de sus logros y novedades. Por ello, hemos creado alertas para cada socio sobre temas relevantes que les afectan directamente: entrevistas, avances en sus empresas, noticias sectoriales... Cada vez que recibimos una notificación, compartimos la información con el socio correspondiente. A Jesús, uno de los miembros del club, le interesan mucho el hidrógeno verde y un determinado modelo de coche. ¿Qué hemos hecho? Incluir esta información valiosa en forma de etiquetas en su contacto (#hidrógenoverde, #Porsche993), junto con su lugar de procedencia (#Alconchel), y crear alertas específicas para que, cuando recibamos novedades sobre este proceso de electrólisis o sobre el modelo de la marca de coches alemana o noticias de su pueblo, las podamos compartir con él. Son pequeños gestos que, a lo largo del tiempo, suman y hacen más especial nuestra relación.

Más allá de Google Alerts, hay muchos servicios que te permiten desarrollar esta habilidad. La inteligencia artificial está cada vez más presente y te ayudará a mantenerte al tanto, impactar, maximizar el tiempo y alzarte como una persona de valor. Y es que, seamos sinceros, a todos nos gusta sentirnos escuchados y saber que somos interesantes para los demás. Si, además, agregas valor, conocimiento o información útil a tus contactos, te conviertes casi por arte de magia en una persona de gran influencia para ellos.

Ejercicio del capítulo

- Comienza generando diez alertas de los intereses más comunes de tus contactos, puedes apalancarte en la tecnología de buscadores como Google Alerts.
- Comparte las noticias y novedades que recibas con tus contactos.
- Esta habilidad, que te requiere unos segundos, te estará convirtiendo en alguien de valor y carismático.

21

Día 10: contactos con estrella

Pensemos:

- ¿Has agradecido recibir una llamada de apoyo cuando has vivido una situación complicada?
- ¿Qué impacto crees que lograrías si estuvieses presente en los episodios importantes de las personas de tu entorno?
- ¿Sabías que las conexiones más fuertes se forjan en los momentos más difíciles?

Pablo, el hijo de nuestra amiga Carmen, estaba en el hospital. Nada serio, afortunadamente, aunque le tocaba una travesía de pruebas, análisis y médicos para averiguar el origen de su enfermedad y dar con la solución. No tenemos un contacto habitual con ella (está clasificada en el semáforo amarillo); sin embargo, queríamos estar presentes, que supiera que nos importa y, por supuesto, mostrarnos a su disposición: se encontraba en medio de una racha complicada en su negocio y ahora se añadía el tema del niño. Cada cierto tiempo, le enviábamos una nota de audio o la llamábamos. Esos gestos, hechos con todo el corazón, fueron muy agradecidos y valorados por ella.

Cuando vivimos situaciones complicadas, nuestro piloto automático deja de funcionar y cualquier tarea, por muy vital que sea —dormir, comer—, cuesta. Sí, todo requiere un gran esfuerzo y los ánimos flojean. La parte positiva, porque siempre hay un lado amable, es que somos conscientes de quiénes están a nuestro lado. Y aquí no vamos a demonizar a nadie, pues las personas que desaparecen si vienen mal dadas seguramente lo hacen porque no saben qué decir; les producen tal incomodidad tus horas bajas, que se quedan perplejas y optan por la peor solución: desaparecer. Sin embargo, hay gente que te sorprende, que no esperas que te dé una respuesta de aliento y ánimo y muestre comprensión y apoyo.

El objetivo del capítulo es que seas alguien que está presente siempre para aquellos que atraviesan circunstancias excepcionales y que necesitan tu apoyo.

Pensarás que es difícil, no por voluntad o buena intención, sino porque, una vez pasados los primeros días, nos atrapa nuestra propia rutina y puede ser complicado acordarse, sobre todo si no tenemos un trato habitual.

Para evitar ese olvido, incluiremos una nueva clasificación temporal en tus contactos. Introduce una marca en el campo que prefieras: «Nombre», «Apellido» o «Notas». Nosotros utilizamos el campo «Apellido» y le agregamos una estrella (☆); es símbolo de buena suerte y de esperanza, que es lo que le deseamos de corazón a esa persona.

Los contactos con estrella son temporales; la marca dura lo mismo que la situación que nos ha empujado a agregársela: una vez que la superan, se elimina. Ojalá haya muy pocos contactos marcados así en tu agenda, pero, si los tienes, muéstrales tu presencia: posees el superpoder de sorprender y animar a alguien que no lo está pasando bien. ¿No te ha ocurrido a ti alguna vez? Y dinos: ¿cuál es el efecto que te provoca recordar a quien estuvo pendiente de ti? Eso es lo que vas a hacer tú con todos los que puedas.

Es cierto que, a veces, lo que más cuesta es escoger las palabras de ánimo; somos conscientes del momento de fragilidad de la otra persona, por eso tratamos de ser muy cuidadosos con nuestro mensaje. Relájate, nada de lo que digas será peor que tu silencio. Compartimos contigo unas frases que quizá te inspiren. Y recuerda que lo más importante es ser honesto y sincero y expresarse de corazón:

- De ofrecimiento: «¿Cómo puedo ayudarte en este momento? ¿Hay algo que pueda hacer por ti?».
- Sin restarle nunca importancia al dolor de la otra persona: «Ésta es una situación muy difícil de sobrellevar y gestionar».
- Para *dejar* que pase su duelo con las emociones que tenga en ese momento: «Es natural que estés enfadado [o triste, agobiado...]».
- Para, con tu presencia, trasladarle alivio: «Estoy contigo en esto».

- Con sinceridad y empatía: «No he pasado por esto, pero creo que debe ser muy doloroso lo que estás viviendo».
- Porque llorar posee un poder curativo: «Aquí está mi hombro si necesitas llorar».

Una vez establecida la marca de estrella, es momento de crear el hábito; para ello, en función de la gravedad de la situación de tu contacto, puedes utilizar una de estas dos opciones:

- Si es muy grave, fija la conversación en WhatsApp. Para ello, posiciónate en el chat de tu contacto y mantenlo pulsado: en la parte superior de la pantalla aparecerán varios símbolos, incluido uno con forma de chincheta. Selecciónalo. Recuerda que sólo puedes fijar tres chats.
- Si, afortunadamente, la situación no es tan grave, no es necesario fijar a ese contacto, sino que bastaría con buscar el símbolo de la estrella (o el que hayas elegido) en la app de contactos.

Con respecto a la frecuencia de los mensajes, se gradúa conforme avance la situación o según las noticias que vayan llegando. Para ello es muy útil que también utilices Google Calendar (o la aplicación que hayas elegido para gestionar los recordatorios, tal y como te explicamos en el Día 4).

Te contamos otro ejemplo que también puedes utilizar en el mundo profesional. Durante años, Sonia trabajó en el departamento de Atención al Cliente de Toyota España, compañía líder del sector de la automoción; entre sus tareas estaba gestionar los casos de responsabilidad civil: las reclamaciones por accidentes. Vamos, lo que viene a ser un marrón de los grandes, porque no estamos hablando de una válvula, una correa o el motor, sino de tener que gestionar a alguien que había sufrido daños físicos y psicológicos y culpaba a la marca de todo mal. ¿Te puedes hacer una idea del tipo de casos que recibía? Aprendió, a costa de muchos malos tragos, que la mejor manera de gestionarlos era quitar la atención (no la importancia) del coche y posicionarla en el cliente. El vehículo ya lo estaban analizando los mejores técnicos; ella se centraba en la persona, en darle la información que precisara y en hacerle saber que lo más importante para la marca era su estado de salud. Así que se apuntaba todas las visitas médicas que tenía y, al día siguiente, lo llamaba única y exclusivamente para preguntarle por ellas: «¿Qué tal la visita de ayer al traumatólogo?». Anotaba cada detalle en el expediente, con las fechas, porque quería estar lo más presente posible. Y, por supuesto, también hacía las llamadas de seguimiento técnico. Así, los clientes empezaron a confiar en su interés sincero por ellos. El resultado es que ninguno elevó jamás su reclamación y quedaron satisfechos con las explicaciones que recibían. Incluso hubo uno que llegó a anticiparse a su llamada para compartir su evolución médica. Esta conexión se consigue cuando pones atención en la persona y estás presente, una de las reglas de oro de la atención al cliente.

Ejercicio del capítulo

- Destaca a todas las personas de tu agenda que están pasando un momento difícil y a las que quieres mostrarles tu apoyo.
- Puedes elegir la marca que más te guste (por ejemplo, el emoticono de una estrella).
- Incluye está marca dentro del campo del contacto que elijas: «Nombre», «Apellido» o «Notas».
- Realiza búsquedas diarias de esa marca para saber con quién tienes que contactar.
- Envía un mensaje con sinceridad y de acompañamiento. Hazte presente para esa persona.

22

Día 11: hazlo porque sí

Pensemos:

- ¿Cuántas veces has dicho la frase «mañana sin falta tengo que enviar un mensaje a fulanito»?
- ¿Cuántas veces has incumplido tu palabra?
- ¿Eres consciente del superpoder que tienes si envías todos esos mensajes siempre que lo piensas?

Vivimos en una sociedad hiperconectada, en la que nunca habíamos tenido tantos medios a nuestro alcance para estar unidos. Pese a ello, como ya te hemos comentado, se trata de una sociedad enferma: la soledad no deseada cada día va en aumento, tanto que organismos como la Organización Mundial de la Salud y Cruz Roja están prestando medios y atención para paliarla.

La soledad no deseada es tan mortal como fumar quince cigarrillos al día; de hecho, eleva el riesgo de morir por cualquier causa en más de un 14 por ciento,[22] y, por supuesto, el aislamiento provoca un declive en la salud emocional y mental. Lo que verdaderamente asusta es que un 40 por ciento de las personas se sienten solas todos los días.[23] Todos los días. Todos.

La amenaza para nuestros antepasados no sólo era ser atacados por un animal o un cataclismo natural, sino también, ser excluidos por no encajar en el grupo. Por este motivo el cerebro creó el dolor social, y ésa es la razón por la que la soledad y el rechazo duelen físicamente, lo que desencadena una alerta del cerebro. Estamos programados biológicamente para vivir en grupo y conectados. Sentir soledad significa *muerte*.

Por todo lo descrito, puede resultar obvio que nos encontramos ante la pandemia más peligrosa y silenciosa de todas: la de la soledad no deseada. Y está pasando inadvertida; hemos bajado los brazos como sociedad, hemos normalizado actitudes y paliado sus efectos con la dopamina de un *like* en las redes sociales.

Te damos dos noticias, una mala y otra peor. Sabíamos que elegirías la peor primero: esta situación es difícilmente reversible, dado que supondría que nos pusiésemos todos de acuerdo. Complicado conseguirlo, ¿no crees? La no-

22. Wang, Fan, *et al.*, «A systematic review and meta-analysis of 90 cohort studies of social isolation, loneliness and mortality», *Nature Human Behaviour*, 7, 8 (2023), pp. 1307-1319.

23. «Informe sobre la soledad no deseada», Fundación Vivofácil, mayo de 2023, <https://fundacionvivofacil.com/3d-flip-book/informe-sobre-la-soledad-no-deseada/>.

ticia menos mala es que tú sí puedes cambiar la manera en la que te relacionas con tu entorno, es una decisión exclusivamente tuya.

El ejercicio de esta lección nos lo propone el psiquiatra Robert Waldinger.[24] En una entrevista le preguntaron qué invitaría a hacer a la gente de manera inmediata: «Le diría: piensa en alguien a quien extrañas, en alguien con quien no te sientes tan conectado como te gustaría o en alguien del que quieras asegurarte que sepa que piensas en él o ella. Y envíale un mensaje de texto o una nota de voz, o llámalo y sólo dile: "Hola, estaba pensando en ti y quería contactar contigo". Simplemente haz eso y verás qué te llega de regreso. Te sorprenderá cuántas personas estarán encantadas de que te hayas comunicado con ellas. Así que da ahora ese pequeño paso, hacerlo te tomará quince segundos».

El objetivo del capítulo es impactar en personas a las que quieres y que están en tu agenda. Vamos a poner coto a la maldita soledad no elegida.

Primero elegimos a quién: lo haremos con cierto orden y con la frecuencia que corresponda según la clasificación del semáforo. Si tienes dudas, empieza por los contactos que has marcado en rojo. Con los verdes ya existen una relación estrecha y habitual.

Siempre que te sientas en paz e inspirado, comienza por las personas menos habituales. Sabemos que este ejercicio lleva su tiempo, por lo que, en la medida de tus posi-

24. Schulz, Marc, y Waldinger, Robert, *Una buena vida*, Editorial Planeta, Barcelona, 2023.

bilidades, resérvate unos minutos al día para revisar los contactos clasificados en cada grupo. Notarás un fuego interno positivo cuando te vinculas a personas a las que aprecias, con las que vuelves a relacionarte y que pasan a un estadio distinto al cambiar de color.

El cómo es tan importante como el quién. Permítenos compartir contigo la regla desarrollada por el psicólogo Albert Mehrabian sobre el impacto de los tres elementos del mensaje —las palabras, el tono de voz y la expresión facial y corporal— en la comunicación de las emociones.

Según Mehrabian, las palabras constituyen el 7 por ciento del poder del mensaje; el tono de voz supone el 38 por ciento; y la expresión facial y corporal, el 55 por ciento. Por eso es muy importante que prestes atención a las palabras que eliges, pero, más aún, que cuides tu tono y los gestos, pues dicen mucho de ti. Así, en lugar de mensajes de texto, nosotros utilizamos habitualmente notas de voz, pues tanto su contenido como su intención se interpretan infinitamente mejor. Y, por supuesto, para las ocasiones especiales nos grabamos en vídeo: nos encanta poder transmitir todo lo que tenemos que expresar.

Déjanos contarte algo más, pero, antes, contesta a esta pregunta: cuando recibes un mensaje de audio, ¿aceleras la velocidad de reproducción para escucharlo? Seguramente, porque lo hacemos casi todos. Se llama *speedwatching* y nació como una *mejora* de YouTube. Su razón de ser es que creemos que nuestro tiempo es demasiado importante y nos sentimos ansiosos si pensamos que nos estamos perdiendo algo. Sin embargo, este gesto tan habitual tiene dos consecuencias. La primera es con respecto al mensaje, ya que perdemos información analítica, el tono real, las pausas y la intensidad, y sólo entendemos la parte general. La otra consecuencia[25] afecta a tu cerebro, que no está acostumbrado a estos ritmos: cuanto mayor es la velocidad, peor se capta el mensaje; muchas veces hasta tenemos que rebobinar, y, poco a poco, vamos destrozando la memoria a corto plazo y la capacidad de concentración.

En esta locura máxima, hay personas que empiezan a ver series a velocidad ×1,5, como si Jon Nieve fuese a llegar antes a Invernalia. ¿Cuál será su miedo? ¿Qué FOMO[26] las asalta? Son interrogantes para los que tampoco tenemos respuestas.

Borja lo experimentó con su amigo y exsocio Lorenzo, al que escuchaba a velocidad ×2. Lo empezó a percibir casi siempre enojado o estresado, y nada más lejos de la realidad. En cuanto volvió a escucharlo a velocidad normal, notó su locuacidad habitual, y hoy se pregunta cuánto de su tiempo ahorró por escuchar con prisa a su colega. Es obvio que nada.

Afortunadamente, hoy también emerge un movimiento contrario, el JOMO (*joy of missing out*), que es el placer de disfrutar con criterio sólo de aquello de lo que queremos deleitarnos, sin preocuparnos por perdernos algo.

25. Ramos, Pablo, «*Speedwatching*: ¿afecta el consumo acelerado de vídeos y audios a la atención y el aprendizaje?», noviembre de 2023, <https://www.uoc.edu/es/news/2023/288-speedwatching-afecta-atencion-y-aprendizaje>.

26. *Fear of missing out* ('miedo a perderse algo') es la ansiedad que surge al pensar que otros están teniendo experiencias más gratificantes mientras uno está ausente.

Terminamos con lo más importante de mantener el contacto, el porqué. Hazlo porque esta sociedad aislada pero hiperconectada necesita más personas que pongan pausa, le hablen y le muestren afecto sincero a su red. Hazlo porque no somos eternos y mañana quizá sea tarde. Hazlo porque nada de lo que haya pasado tiene tanta importancia si aún conservas el número de alguien en tu agenda. Hazlo por tu salud y la de tu entorno, porque servirás de ejemplo e inspiración y serás una mejor versión de ti mismo. Hazlo porque sí.

Ejercicio del capítulo

Cuando vayas a ponerte en contacto con alguien, has de tener en cuenta lo siguiente:

- Con quién o con quiénes vas a contactar: empieza poco a poco; sea quien sea el elegido, todo estará bien.
- Cuándo: según la clasificación del semáforo, sabrás la frecuencia a la hora de conectar, aunque aquí todo es flexible.
- Cómo: selecciona la vía de contacto; puede ser con un mensaje, una nota de voz o, por qué no, un vídeo. Cada uno tendrá su impacto.
- Por qué: hazlo porque sí.

23

Día 12: los tres discursos

Pensemos:

- ¿Cómo cambiaría tu vida si pudieras presentarte de manera clara en cualquier situación o medio físico o digital?
- ¿Qué impacto podrías lograr en tus relaciones y en tus oportunidades si dominaras el arte de presentarte?
- ¿Estás preparado para causar una primera impresión a la altura de lo que mereces?

«El éxito de tu presentación no se mide por lo que dices, sino por lo que la audiencia entiende.» Esta frase, acuñada por Dale Carnegie, sigue estando vigente. Por eso el objetivo del capítulo es dar importancia al arte de presentarse física o digitalmente a partir de la creación de tres tipos de discursos.

La forma en la que te presentas dice mucho de ti, y, en consecuencia, será la llave que abra la puerta de las oportunidades. No se trata solamente de ser educado, sino de contar con una habilidad que siempre te permita salir victorioso, independientemente de la situación, y, sobre todo, haga que te vean como eres desde el primer momento.

Las personas no quieren escuchar tu biografía como si fueras un rey godo: quieren conocer tu historia, saber a quién tienen delante. Como dice nuestra amiga y experta en *storytelling* Nerea Gutiérrez,[27] hay que contarla de manera que deje al otro enganchado, con ganas de más.

Hoy, las posibilidades de iniciar una nueva conexión llegan en su mayoría a través de las redes sociales, como puede ser WhatsApp, casi siempre con una frase que arranca así: «Te paso el contacto de...». Entonces es cuando saber presentarse resulta fundamental.

Contéstanos a esta pregunta: ¿cuál es tu historia? Para contarla es crucial que conectes emocionalmente con tu interlocutor o tu audiencia; muéstrate tal y como eres, sé sincero y vulnerable, porque eso generará confianza en los demás y tu imagen de marca saldrá reforzada. Serás diferente. Una historia bien contada deja una impresión duradera. A pocos le interesará si te graduaste en Ingeniería Industrial en 1992, cuando quizá hayas visitado diez países africanos.

En un mundo donde recibimos continuamente impactos en forma de mensajes cortos y potentes, es crucial adaptarse. Para ello debes tener preparados tres tipos de

27. <https://www.soynereagutierrez.com/>.

discursos. Porque no siempre dispondrás de la misma cantidad de espacio y tiempo para presentarte, y en ocasiones hay que estar preparado para aprovechar las circunstancias únicas que te plantea la vida. Lo sabemos bien. Un tiempo atrás, Sonia quería explicarle Andorrita a la entonces ministra de Asuntos Sociales del Gobierno de Andorra, Judith Pallarés. Surgió la oportunidad de hacerlo en un evento, pero no encontraba el momento idóneo porque la ministra era la persona más reclamada. Utilizando la técnica del ascensor, es decir, la de esperar a Pallarés para *coincidir* con ella en el ascensor, fue como logró explicarle la misión de Andorrita, aprovechando a fuego los segundos que se tardan en ir de la planta 2 a la −1. Hoy, Sonia y Judith tienen una excelente relación de colaboración y cariño.

Los tres tipos de discursos que te conviene saber manejar son los siguientes:

- El de menos de treinta segundos. ¿Se te hace largo un anuncio? Casi siempre sí, pero a veces son minipelículas magistrales. De eso se trata en este discurso, de contar de manera muy breve quién eres y qué haces, aunque con un fondo de misterio ante el que tu interlocutor no se resistirá y te dirá: «Qué interesante, cuéntame un poco más, por favor». Si consigues esto, premio. De lo contrario, toca mejorar tu microrrelato. Estamos convencidos de que tienes una historia vital y profesional con las suficientes aristas como para encontrar un ángulo que a tu interlocutor le fascine.

- El discurso de un minuto. Es el lapso habitual o de cortesía. Aplicamos la misma regla del discurso breve, pero, esta vez, sin tanto estrés, ya que cuentas con el doble de tiempo y seguramente estarás en un ambiente más relajado. Si puedes utilizar el humor o ser ingenioso a la hora de exponer lo que haces o a qué te dedicas, estupendo. Las comparaciones eficaces y los ejemplos con un fuerte componente visual resultan muy efectivas. Un ejemplo: «Ayudo a que las personas saquen 3.000 euros al mes del cajero para sus gastos o caprichos sin remordimientos». ¿A que te has visto en el cajero? Creo que hasta has notado el taco de billetes en tu bolsillo. Tras presentaciones así, resulta casi imposible resistirse a preguntar «y ¿cómo lo consigues?» o «¿cómo logras esos resultados?». Estamos convencidos de que haces cosas increíbles, de que tu vida es como una caja de bombones: todo el mundo desea abrirla, pero, para ello, debes llenarla de bombones. Si metes alfileres dentro, aunque sean necesarios, apetecerá menos abrirla.
- El discurso de tres minutos o más. En los tiempos actuales, esto es casi un mitin. En una vida tan atropellada como la actual, en pocas ocasiones tenemos la oportunidad de expresar dichos discursos. Nuestro consejo es que imagines tu vida como lo haría Walt Disney. Si te das cuenta, en tres minutos puedes resumir cualquiera de sus películas. Hay una situación, todo está relativamente bien y de repente emerge un problema, un desastre; pero, con esfuer-

zo y pasión, se alcanza una solución que deja la realidad con más purpurina que al principio. Este discurso para presentaciones profesionales funciona siempre, y, en tu caso, sea profesional o no, también lo hará.

El éxito en cualquiera de los discursos está en ensayar. Practica, hazlo una y otra vez delante de un espejo, grábate. Los oradores más reconocidos aseguran que, por cada una de las palabras de un discurso brillante, se ensaya durante una hora. Has leído bien: una hora por palabra.

Eso sí, que hablemos de un discurso preparado no significa que te conviertas en R2-D2; es vital que nunca te olvides de ser natural y sincero, en definitiva, de ser tú. En más de una ocasión hemos mencionado que lo impostado no gusta nada. Huye de eso siempre. Y, por favor, si compartes conversación o presentaciones, procura no monopolizar. Puedes ser muy carismático, pero debes respetar el tiempo y el espacio del resto. Lo bueno, si breve, dos veces bueno.

En conclusión, dominar el arte de presentarse no sólo mejorará tus relaciones y tus oportunidades, sino que aumentará tu confianza y te permitirá causar una impresión duradera. Invierte tiempo en practicar y perfeccionar tus discursos y estarás preparado para cualquier situación. Hazlo siempre que puedas con los más auténticos manera o formato. Porque no es lo mismo recibir un texto con tu biografía, por muy asombrosa que sea, que un vídeo redondo en el que sales tú mismo explicando quién eres y lo agradecido que estás de llegar a la otra persona. ¡A por ello!

Ejercicio del capítulo

- Atrévete y envíanos tu discurso de treinta segundos a nuestro número de WhatsApp. Te enviaremos nuestro *feedback* amoroso.

24

Día 13: el mejor MBA que cursar

Pensemos:

- ¿Te has preguntado por qué algunas de las personas más exitosas no tienen un currículum académico brillante?
- ¿Sabías que la habilidad de conectar y establecer relaciones auténticas es una de las claves del éxito?
- ¿Qué puedes hacer para que tus hijos desarrollen esta habilidad vital desde pequeños?

Esta lección te la puedes saltar si en tu entorno no hay menores. Seamos sinceros, es un rollo hablar de críos cuando no los tienes. Por tanto, si no eres padre, tío, padrino..., ahorra tiempo y salta al siguiente capítulo. En caso contrario, esto te interesa, y mucho.

Como padres, entre nuestras mayores preocupaciones

están la dependencia y el mal uso de las pantallas.[28] La nueva manera de comunicarse, crear y mantener relaciones nos lleva a pensar que algo no está bien; queremos cambiar comportamientos de nuestros hijos, pero nos cuesta llegar a la raíz de la cuestión. No te vamos a engañar, nosotros no te daremos la fórmula mágica. Sin embargo, estamos convencidos del objetivo de este día del Método DTM, porque es el mejor MBA que tus hijos pueden cursar.

¿Te has dado cuenta de lo que pasa cuando dos críos se conocen? Van directa y sinceramente a lo único que les importa, jugar. Fuera etiquetas limitantes: en poco tiempo acuerdan las reglas del juego y se centran en disfrutar de un buen rato en compañía. Lo hacen como si fueran mejores amigos; después terminan de jugar, se despiden sin dramas y cada uno a su casa.

Esto, que es pura magia, lamentablemente lo perdemos con los años. El arte de conectar lo traemos de serie porque estamos programados para vivir en tribu; sin embargo, lo desaprendemos muy pronto y nos cuesta mucho volver a programarnos una vez que nos invaden los prejuicios y los miedos.

Vivimos una temporada en una urbanización en Madrid: un montón de pisos alrededor de una zona común con piscina y jardín donde los niños campaban a sus anchas. Uno de los críos, Yago, era muy vivaz; tendría 4 años

28. «Perspectivas de la crianza en España», Zurich Seguros, junio de 2024, <https://www.zurich.es/documents/877376/1106815/2024%2005%2031%20Estudio%20Familias%20Zurich%20completo.pdf/bdcb8637-4302-15d8-a85c-ea24401a6a97?t=1717579136512>.

y ya se sabía el nombre de todos los vecinos: de los adultos, los niños, los porteros de la finca y cualquiera que pasara un rato por allí. Con su desparpajo e inocencia, podía iniciar cualquier tema de conversación, y, además, mostraba un interés sincero por lo que le contabas. Era una alegría disfrutar de un ratito con Yago. Ese niño hacía gala de su don para conectar, y, sea lo que sea en el futuro, y si los miedos no lo vencen, estamos seguros de que se convertirá en alguien importante porque sabrá cuidar de su comunidad.

Los padres dedicamos mucho tiempo y energía a la educación de nuestros hijos en forma de colegios, extraescolares, clases de idiomas, estudios en el extranjero, especialidades, másteres, prácticas... Todo, para asegurar su porvenir, que, por otro lado, cada vez es más incierto por la cantidad de profesiones que desaparecerán o deberán adaptarse a la inteligencia artificial.

Aparte de a la actividad académica, ¿has dedicado tiempo para que lleguen a ser conectores de personas? Las mejores oportunidades profesionales o de inversión se consiguen siempre a través de una buena red de contactos. Se convierte en imprescindible saber relacionarse con la gente y cuidar de nuestro entorno.

Inculcar en ellos la importancia de la empatía, la escucha activa y el interés sincero en los demás es esencial. Estas habilidades les permitirán no sólo crear, sino mantener redes de apoyo que los acompañarán a lo largo de sus vidas y les proporcionarán un contexto afectivo de calidad, algo fundamental para su desarrollo. Mientras invertimos en su educación académica, no olvidemos enseñarles el arte de conectar con los demás: les abrirá innumerables puertas y, sobre todo, los hará personas más felices.

Desde que son pequeños, ve introduciéndoles esta semilla como si fuera un juego con distintos campos de acción:

- Retos: plantéale preguntas del tipo «¿conoces los nombres de todos tus compañeros de clase?», «¿a cuáles les gusta más el fútbol que el baloncesto?», «¿quiénes tienen hermanos?», ¿y mascota?».
- Liderazgo: anímalos a presentarse a delegado de clase.
- Agradecimientos: preparad una lista de cosas por las que están agradecidos cada día.
- Reflexiones empáticas: describid situaciones en las que alguien os haya ayudado y en las que hayáis entendido cómo se sentía otra persona.

Entrenadlos, practicad juntos, jugad... Con eso construirás puentes con ellos, los comprenderás mejor emocionalmente. Además, si no lo haces tú, no lo hará nadie, porque esto no se enseña en ninguna escuela de negocios, por prestigiosa que sea. Invierte en lo que seguro será el aprendizaje del que más provecho sacarán en su vida: en tener un entorno afectivo de calidad.

Ejercicio del capítulo

- Fomenta el don de conectar. Juega con tus hijos a crear dos listas. Una, con los nombres de las personas importantes en sus vidas y lo que conocen de ellas. La segunda, sobre a quiénes y por qué les gustaría conocer. Déjalos soñar.

- Practica cenas de escucha activa, en las que cada miembro de la familia tenga cinco minutos para hablar sobre su día sin ser interrumpido.

25

Día 14: la magia de escuchar

Pensemos:

- ¿Cómo te sientes cuando alguien te escucha realmente sin interrumpir?
- ¿Cuántas veces un malentendido podría haberse evitado con mejor escucha?
- ¿Sabías que las mejores oportunidades suelen recibirlas aquellos que escuchan sin prejuzgar?

Voltaire decía: «Juzga a las personas por sus preguntas y no por sus respuestas». Y es que aquel que hace buenas preguntas domina el arte de escuchar, y lo llamamos *arte* porque demasiado a menudo nos encontramos con conversaciones que más bien son una lucha de egos, en las que hay que esperar turno como si estuviéramos en la cola del supermercado; mientras uno habla, el otro únicamente está pensando en contraatacar con una frase más locuaz.

La escucha es mucho más que entender lo que otra persona está diciendo; se trata de llegar a sentir y ser capaz de descifrar las emociones que acompañan a las palabras. El cómo es más importante que el qué: ya hemos visto que el 93 por ciento de la importancia del mensaje de una comunicación efectiva radica en aquello que no es verbal, es decir, en la expresión corporal, los gestos, las pausas, los tonos.

En lo primero que hay que centrarse —además de, por supuesto, el respeto—, es en empatizar sin juzgar; esto, que parece obvio, nos cuesta más porque nuestras creencias hacen que etiquetemos continuamente: la mente se para en seco y, como un cachorro con un trapo, se queda rumiando y no te permite avanzar. De ahí que te pidamos que tengas la voluntad y la conciencia de escuchar sintiendo lo que la otra persona te quiere transmitir. El objetivo del presente capítulo es que seas capaz de comprender y conectar sin imponer tu opinión.

A esta empatía sin juzgar le debemos sumar el contacto visual sin distracciones: ¿cuántas buenas conversaciones se han ido al traste porque alguien prefería mirar su móvil en lugar de centrarse en la persona que tenía delante? No interrumpas y permite que tu interlocutor se exprese en sus tiempos; y, si ves que te distraes porque no consigues dedicar una atención plena durante la conversación, retoma el hilo preguntándole al otro qué ha querido decir con la última frase que has escuchado. No dejes que vuestra charla avance si estás perdido, pues, entre otras cosas, se suele notar mucho en la expresión corporal y lleva a quedar fatal.

Lo bonito de la escucha activa cuando la practicas es que puedes aprender y desaprender, y esto es algo absolutamente poderoso. Da tanta pena como rabia comprobar que mucha gente nos hace sentir que ya lo sabe todo en la vida.

Pero hay más: existen estudios[29] que demuestran que aquel que tiene esta habilidad es percibido como alguien amigable, confiable, comprensivo, atento y receptivo. El tipo de persona a la que todos quieren en su entorno, y, con semejante imagen de marca, el número de buenas oportunidades en todos los ámbitos se multiplica exponencialmente.

Tenemos la suerte de contar con la amistad de Raúl Rivero. Podríamos decir de él muchas cosas, pero nos gusta presentarlo como la única persona que conocemos que tiene seis secretarias. Evidentemente, algo está haciendo muy bien o rematadamente mal. Pero protagoniza esta anécdota por otra cosa: con él descubrimos la diferencia entre oír y escuchar. Oír no precisa de atención consciente; por el contrario, escuchar implica un proceso activo para entender el mensaje. Oír es lo que hacen tus oídos, escuchar es lo que hace tu cerebro cuando se pone manos a la obra. Oír es lo que hace un político, escuchar lo que hacen las madres. Pues bien, a Raúl no dejábamos de oír-

29. Weger, Harry, *et al.*, «The relative effectiveness of active listening during initial interactions», *International Journal of Listening*, 28, 1 (2007), pp. 13-31.

lo: nos explicaba la nueva cátedra que estaba creando y no entendíamos el potencial del que nos hablaba porque nos limitábamos a oírlo. Lo sorprendía nuestra miopía, y, para no parecer unos catetos, lo escuchamos tan activamente como supimos. Aprendimos que no se pueden tardar tres conversaciones de más en entender cómo un hombre se hace rico, sobre todo, cuando te quiere hacer partícipe de su fortuna.

En este libro te invitamos a no desaprovechar nunca la oportunidad de *desvirtualizar* a las personas a las que quieres o admiras, y, una vez llegado el encuentro físico, debes ser consciente de dar la máxima importancia a tu interlocutor, el cual merece tu atención y tu respeto. Es una inversión en tiempo y energía que permite crear relaciones auténticas que suelen dar como fruto vidas más saludables y la oportunidad de llegar a entornos más prósperos.

Obviamente, esto también es válido para las reuniones virtuales, cada vez más al alza, y en las que se tienden a descuidar la atención y hasta la imagen personal. ¿Quién no ha estado en un *zoom* con alguien en un sofá comiendo Doritos? Se avanza más y mejor cuando se demuestra la intención de estar presente, por lo tanto, es importante que conectes la cámara, dejes el *multitasking* y, por supuesto, estés vestido como si conectaras con la suegra.

Disfruta de la magia de saber escuchar y de todas las oportunidades excelentes que seguro te llegarán. Una vez que descubres su importancia, sólo oyes la radio.

Ejercicio del capítulo

- Escoge un contacto verde y otro amarillo de tu agenda y pídeles que te cuenten lo que más les ha impactado en el último año.
- No los oigas, ¡escúchalos!

26

Día 15: las tres palabras mágicas

Pensemos:

- ¿Cuáles son las palabras que siempre abren puertas?
- ¿Qué has hecho hoy por los demás?
- ¿Cuál es la excusa perfecta para iniciar, retomar o cuidar de una relación?

En agosto de 2023, a través de Judith, miembro de la tribu de Andorrita, nuestro proyecto social que conecta a personas en Andorra, entramos en contacto con Arancha, quien reside en Menorca. Ella había oído hablar de nuestras actividades y lamentaba la falta de algo similar en la isla, especialmente durante el invierno, cuando más le gustaría contar con un lugar de encuentro. Sin dudarlo, la animamos a crear Menorquita, y la primera pregunta que le hicimos fue: «¿Cómo podemos ayudarte?».

Esta frase te eleva inmediatamente tras pronunciarla; de hecho, el objetivo del capítulo es que tomes conciencia de su valor practicándola siempre que puedas.

Y, si son palabras mágicas, ¿por qué no las utilizamos más? Cada uno tendrá sus razones, pero muchas veces coinciden con estos bloqueos:

- «No me gusta que me vean como un interesado.» Suele suceder cuando nos acercamos a personas que queremos que estén en nuestro camino y, al ofrecernos, pensamos que dudarán de nuestro propósito. Nada más lejos de la realidad, siempre que seas sincero y honesto.
- «Voy a atraer a interesados y oportunistas.» Es posible, pero también sabrás responderles con generosidad. Debemos huir de quienes no aportan nada bueno; no queremos que se aprovechen de nosotros ni intereses superficiales en nuestras relaciones, eso son mochilas muy pesadas con las que cargar y que no permiten avanzar.
- «No tengo la solución a todos los problemas ni puedo ayudar a todo el mundo.» Permítenos decirte que no estamos de acuerdo contigo, porque estás pensando sólo en la solución final. La clave es acercar a las personas a las metas que se proponen, y puedes hacerlo de mil maneras: presentándoles a alguien, recomendándoles un libro, un pódcast o una película, compartiendo con ellas tu *expertise* en alguna materia... Y, a veces, ¿sabes cómo?, simplemente escuchando. Es valioso tener a alguien con

quien compartir momentos y sentir que nos presta atención. Después el universo pondrá las piezas en el camino, pero has de comenzar a andarlo.

La pregunta «¿cómo puedo ayudarte?» te abrirá a un mundo infinito de posibilidades y te elevará por encima de la mayoría. Mira a tu alrededor, sólo tienes que echar un vistazo para descubrir sin mucho esfuerzo que la sociedad está llena de egos insanos y de miedos y que pasamos gran parte del tiempo pensando en nosotros mismos. Compartir y ofrecer ayuda es de valientes, sin duda algo extraordinario si lo sabes hacer y absolutamente necesario en este mundo. Es más, detente y plantéate cuántas veces en el último mes alguien te ha formulado la pregunta con la que arranca este párrafo. ¿A que lo recordarías al instante? Pues la idea es que seas tú esa persona a la que recuerdan los demás.

Siempre debes tener una actitud de generosidad *sin memoria*. Por ejemplo, uno de los puntos que más nos cuesta es compartir nuestros contactos, sobre todo aquellos a los que les damos un valor especial por la razón que sea (su estatus, sus conocimientos...). Se trata de un error garrafal: los contactos no son de nadie porque las personas no nos pertenecemos, no tenemos dueños. Por tanto, si ves que la solución para alguien pasa por que le presentes a otra persona, ¡adelante! En caso contrario, quedarás como un fanfarrón: tienes el contacto, presumes de ello, simplemente lo dices o incluso lo callas, y te lo quedas como si fuera un botín preciado. Olvídate, eso no funciona. Y menos para ti, que, si estás leyendo este libro, es porque quieres evolucionar.

Eso sí, nosotros sólo compartimos contactos con aquellos que creemos que se los merecen, que los van a cuidar, que son buena gente. Obviamente, antes de entregar el contacto solicitamos su permiso. No es un acto de buenismo, es un acto de bondad, no lo olvides.

Y, como hemos comentado, cuando ayudes, no tengas memoria. Actúa de la mejor manera posible y punto, te olvidas. No saques a pasear frases del tipo «fui yo quien lo ayudó», «me debes una» y «hoy por ti, mañana por mí». Tampoco uses expresiones que te ninguneen («no ha sido nada», «no tienes por qué darme las gracias»), sino palabras que te definan: «Es un placer ayudarte», «estoy contento de haberte ayudado», «cuenta conmigo».

Volviendo a lo que hemos visto al principio, Menorquita celebró su primer encuentro, y lo seguirán muchos más. Tuvimos varias reuniones previas, escuchamos la visión de Arancha y aportamos todas las ideas que se nos ocurrieron. Compartimos lo que teníamos de Andorrita y apoyamos el encuentro con mucho cariño y ganas de disfrutar. El resultado no fue sólo el éxito de Menorquita, sino que, gracias, al evento, han surgido más propuestas, y puede que, cuando estés leyendo este libro, más ciudades organicen este tipo de iniciativas, como Mallorca, Zúrich, Zaragoza y San Cristóbal (en Venezuela). Si estás interesado, escribe un mensaje a nuestro número de WhatsApp, estaremos encantados de ayudarte.

Esto de ayudar es una bola de nieve. Deja que crezca, hazla grande, no esperes nada a cambio, no contraigas deudas emocionales, disfruta. Y confía en lo mucho que te devolverá la vida.

Ejercicio del capítulo

- Escoge un contacto de tu agenda a la semana (lo ideal sería seleccionar uno de cada grupo del semáforo) y hazle esta pregunta: «¿Cómo puedo ayudarte?».
- Muéstrate abiertamente al servicio y deja que la magia fluya.

27

Día 16: practica el *bienpensar* y el *bieninterpretar*

Pensemos:

- ¿Qué ventajas podría suponerte elegir ver las intenciones de otros de forma positiva?
- ¿Cuántas veces has asumido el peor escenario y luego has descubierto que estabas equivocado?
- ¿Cuánto estrés innecesario acumulas por la interpretación errónea de un mensaje ambiguo?

En nuestras interacciones diarias, especialmente a través del móvil, es común encontrarse en situaciones en las que los mensajes se malinterpretan o en las que asumimos un rol victimista sobre las intenciones de los demás. Este hábito de mal pensar y malinterpretar erosiona nuestras relaciones, puede generar conflictos innecesarios y, sobre todo, crea barreras emocionales que, con el paso del tiempo, son difíciles de superar.

Sin embargo, existe una alternativa tan poderosa como sencilla, que es el objetivo del día 16. Nos referimos al *bienpensar* y el *bieninterpretar*. Ambos conceptos fueron acuñados por nuestro estimado amigo Vicent Ginés,[30] y ponerlos en práctica cambia drásticamente la calidad de nuestras interacciones y, por ende, la manera en que nos conectamos y nos perciben los demás. Por cierto, en rigor, se diría *biempensado* y *bienintencionado*, pero nos gusta retar a la Real Academia Española.

Cuando nos referimos al término *bien-pensar*, queremos invitarte a adoptar una postura optimista y positiva sobre las intenciones, las acciones y los comentarios difusos de los demás. No todo el mundo puede expresarse con la locuacidad de un político en la oposición. En lugar de asumir lo peor, elegimos creer en la buena voluntad y en las intenciones positivas de quienes interactúan con nosotros. Este cambio no sólo mejora nuestra tensión arterial, sino que nos ayuda a conseguir una experiencia emocional más plena y facilita una comunicación más abierta y sincera. Imagina que le envías a alguien un wasap y no recibes una respuesta inmediata. En lugar de a pensar «me está haciendo *ghosting*» o «no le importa lo que digo», el *bien-pensar* te invita a considerar otras posibilidades: «Estará ocupado» o «quizá no haya visto el mensaje». Esta interpretación reduce el estrés y la ansiedad —de por sí altos en esta vorágine de instantaneidad— y consigue que evitemos sacar conclusiones negativas apresuradas, generar un ambiente

30. Ginés, Vicent, *No lo mates todavía*, Editorial Alienta, Barcelona, 2025.

de confianza y respeto, fortalecer tus futuras interacciones y mejorar la comunicación, pues se evitan conflictos que, a todas luces, casi siempre son innecesarios.

Cuando invitamos a *bien-interpretar*, nos referimos a darle a los mensajes, e-mails y wasaps que recibimos la lectura más positiva y constructiva posible. ¡De cuántos choques nos han salvado los emojis! Dado que la comunicación vía mensaje de texto carece de muchos de los matices del lenguaje corporal y el tono de voz, es muy sencillo malinterpretar el texto de la suegra, el compañero de pádel o la jefa. Adoptar esta postura optimista permite mantener una actitud más abierta y receptiva. Ese «necesitamos hablar» no debemos asumirlo automáticamente como algo negativo, como una crítica o un problema. *Bien interpretar* te lleva a considerar que puede referirse a una conversación constructiva o una oportunidad para compartir ideas o para despejar alguna duda. Si, finalmente, se trata de una noticia o una información negativa, siempre tendrá solución, pero no debemos tolerar el estrés que soporta el cuerpo ni la angustia previa, ya que casi siempre es algo anecdótico. De esta manera, también otorgamos el beneficio de la duda y practicamos la empatía. No siempre el jefe viene con malas noticias, a veces llega con un ascenso.

Las situaciones difusas y los mensajes ambiguos son el pan de cada día. ¿Quién no se ha visto en una de éstas, con el *malpensar* gobernando sus emociones, como vivió Sonia en carnes propias en su empresa?

> Recibí la llamada de recursos humanos con el típico mensaje de «pásate por el despacho, tenemos que hablar». Al colgar

el teléfono, inevitablemente, apareció la inquietud, junto con la necesidad de repasar de las últimas acciones, proyectos y situaciones, y de tratar de encontrar algo de luz. Entonces llegó el momento. No voy a engañarte: se me hizo eterna la espera hasta que la directora de recursos humanos me recibió, con una media sonrisa en la cara. Bueno, al menos era media... Tras los saludos, revisamos el organigrama, donde mi puesto actual estaba ocupado ya por otra persona, y recibí una explicación sobre los nuevos retos de la compañía. Creo que ahí desconecté y me preparé para el palo que iba a suponer quedarse sin empleo siendo una mujer de más de 40 años (poco se habla de esto). En ésas estaba cuando oí la última frase de la directora de recursos humanos: «Por eso hemos pensado que sería una oportunidad estupenda para que ocuparas el puesto de nueva creación de geomarketing». Sigo dudando si se escribe junto, separado o con guion. De lo que sí me acuerdo es de que salí del despacho sin poder celebrar mi nueva posición porque había gastado toda la energía en prepararme para algo que nunca ocurrió: había mal-pensado esa llamada y rechazado la oportunidad de recibir un mensaje con buenas noticias.

Pregúntate si tu interpretación es la más constructiva posible. Si te quedas con dudas sobre el tono o la intención del mensaje, pídele una aclaración al emisor, ya que evitaréis malentendidos. Agradece siempre las respuestas. Cuando el texto te parezca ambiguo, elige interpretarlo positivamente. Por ejemplo, si alguien escribe de manera breve, asume que es por falta de tiempo y no por desinterés. Los que tengáis hijos adolescentes nos entenderéis bien. Asegúrate de que tus mensajes también sean claros, y, ante la duda, usa *gifs* o emojis para añadir matices y un toque de humor.

En resumen, adoptar el *bienpensar* y el *bien interpretar* es una práctica que debería recetar el médico y que mejorará significativamente nuestra calidad de vida. Al elegir ver lo mejor en los demás, también en sus mensajes, creamos un ambiente de confianza, respeto y empatía que beneficia a todos. Recuerda: la manera en que interpretamos las palabras de los demás está bajo nuestro control, y, al hacerlo de manera positiva, construimos puentes en lugar de muros.

Ejercicio del capítulo

- Recuerda alguna conversación que hayas malinterpretado. Discúlpate. Da igual el tiempo que haya pasado. Este ejercicio te va a liberar y reconciliar contigo mismo y con tu interlocutor.

28

Día 17: referencia no solicitada

Pensemos:

- ¿Cómo te sientes cuando recibes comentarios positivos de tu desempeño?
- ¿Cuántas reseñas has recibido a lo largo de tu carrera profesional?
- ¿Alguna vez le has dicho al mundo lo bueno que es en algo tu compañero de trabajo?

No conocemos a ninguna persona a la que no le guste una grata sorpresa. La idea de recibir un halago o un simple reconocimiento ya es motivo de júbilo, pero si, además, esa referencia está dentro de un ámbito profesional, el impacto positivo se multiplica. El objetivo del capítulo es generar un efecto sorpresa y de gran impacto en personas a las que admiras y valoras en el terreno laboral, utilizando apenas unos minutos de tu día.

Estamos convencidos de que, a lo largo de tu trayectoria, has coincidido con excelentes compañeros; algunos habrán pasado a un plano más íntimo y hoy serán amigos o mantendrás una relación fluida y estrecha con ellos. ¿Has pensado que a mucha gente le gustaría saber que Olga, Roberto, Anabel o David son, aparte de buenas personas, excelentes profesionales? ¿Sabes qué impacto positivo puede tener en su autopercepción y empleabilidad una bonita y veraz reseña al respecto? Pues de eso se trata.

Procuramos mostrar una apariencia profesional impecable en LinkedIn, la red social de referencia en el ámbito laboral: completamos minuciosamente nuestra formación académica, detallamos las tareas realizadas en cada trabajo y mostramos nuestra mejor foto. Sin embargo, habitualmente no hay ni rastro de referencias sobre nuestro desempeño, y los comentarios son justo lo que provoca la reacción más poderosa en esta red.[31] Por pudor, por dejadez o por un poco de ambos, no incluimos algo de suma importancia respecto a nuestro bagaje, cuando, curiosamente, es lo primero sobre lo que indaga un reclutador.

Pongámoslo fácil: la principal habilidad que buscan las empresas es la capacidad para trabajar en equipo, así que, si desde tu experiencia valoras positivamente esa cualidad en tus contactos, mejorarás su posible empleabilidad. Da igual si la persona sobre la que vas a escribir una referencia no solicitada es un alto cargo o un recepcionis-

31. Estudio del algoritmo de Richard van der Blom.

ta: todas merecen una cálida mención y casi nadie la tiene. Siempre desde la sinceridad, obviamente.

Cuando, *motu proprio*, detallas y ensalzas el desempeño de un compañero y a éste le llega una notificación de que has valorado su trabajo, el agradecimiento y el impacto que generas son asombrosos. A ti te habrá costado apenas unos minutos y a esa persona le habrás alegrado el día —además, tendrá una reseña que todo el mundo valorará—. Comprobarás que se crea un aura positiva, y es probable que la persona impactada *despierte* y genere a su vez otras reseñas sobre aquellos con los que ha compartido experiencias laborales.

Cuando impactas desde el amor y por sorpresa, las reacciones son de gran calado. Una red *competitiva* como LinkedIn se vuelve más armoniosa, y, si llega el día en el que una empresa se fija en ti, cuando visite tu perfil no sólo verá lo bueno que eres, sino, también, las sinergias que has generado a tu alrededor. El currículum se trabaja, el amor se atrae. El impacto en los tuyos no es un título que se cuelga en la pared: el cariño y la influencia van sin marco. Puedes ganar premios en tu campo, pero el mayor trofeo es el aprecio de los tuyos. Toda empresa necesita de talento, pero no menos de ese *lubricante* humano que hace que las cosas fluyan en la consecución de objetivos.

Esto mismo pasa con los negocios y las reseñas de Google, actualmente la herramienta más poderosa en recomendaciones por su veracidad y la menor manipulación por parte de quien es objeto de la reseña. Si, cuando has recibido un servicio aprecias algo excepcional, como la atención del personal, el cariño con el que estaban hechas esas croquetas, cuánto te ayudó aquel carpintero, estaría bien que lo compartieras; por ti —te sentirás genial al hablar bien de otro y recordarlo—, por los demás usuarios y, por supuesto, por el profesional en cuestión. Cuesta mucho levantar la persiana de los negocios, así que aligeremos esa carga con este tipo de acciones.

Nosotros siempre pedimos la hoja de reclamaciones *inversa*, es decir, la hoja de felicitaciones. Casi siempre nos toman a guasa, pero lo decimos bien en serio. No son ni uno ni dos los locales, restaurantes o negocios a los que les hemos sugerido esta práctica. ¿Por qué no *alertar* al usuario o al cliente comentándole que tiene a su disposición tanto la hoja de reclamaciones como la de felicitaciones? Cuántas reseñas positivas se van al limbo por no solicitarlas con arte.

Sé consciente del superpoder que posees y úsalo.

Ejercicio del capítulo

- Selecciona a aquellos contactos de tu agenda en los que quieres impactar mediante una reseña no solicitada.
- Piensa en aquellos que están en búsqueda de empleo o que están pensando cambiar de compañía o montar la suya propia: son los que más necesitan esa reseña.
- Dedica unos minutos a pensar en las habilidades de tu contacto, qué se le da especialmente bien, re-

vive esos recuerdos, y, sobre todo, escribe tu reseña desde el corazón.

- Hablamos de un superpoder que tenemos todos y que pocos utilizan; por eso, propaga este *virus* de referencias no solicitadas. Y prepárate, porque van a pasar cosas buenas.

29

Día 18: nunca comas solo

Pensemos:

- ¿Qué cambios harías en tu rutina para aprovechar al máximo el tiempo que compartes con tus contactos?
- ¿Qué barreras te impiden invitar a colegas o conocidos a desayunar, almorzar o tomar un café?
- ¿Qué impacto tendría en tu vida dedicar un tiempo cada semana a invitar a alguien a comer? ¿Arruinaría tus finanzas o las impulsaría?

¿Has vivido alguna vez esta situación? Estás sentado en un restaurante o en una cafetería; miras a tu alrededor y ves a varias personas que están solas, con su móvil. Quizá, contestando algún correo, ojeando una red social o enviando un mensaje. Es así: muchas veces nos encontramos solos en compañía de nuestro querido dispositivo. Este hecho es tan habitual que forma parte de la nueva rutina de la sociedad; está normalizado y aceptado.

Pero queremos ser el 1 por ciento, por lo que algo debemos hacer distinto. Hoy el objetivo es aprender a «nunca comer solos».[32]

Para relacionarnos con las personas, buscamos oportunidades, como un evento para hacer networking o esa invitación de un tercero para conectarte con alguien que te interesa. No desperdicies tu tiempo esperando una ocasión que quizá no llegue: sé tú el creador de esas situaciones, y, para ello, piensa que cualquier café o almuerzo es un hueco idóneo tanto para fortalecer conexiones como para crear otras nuevas.

Las mañanas suelen empezar genial: las agendas aún no han sido asaltadas por los imprevistos ni por los ladrones de tiempo y es una franja del día en la que estamos con energía y, en general, lúcidos y de buen humor. El desayuno se presenta como el momento ideal para mantener una conversación relajada y productiva sin consumir demasiado tiempo. Pocos se resisten a un mensaje simple y directo: «Hola, me encantaría desayunar contigo esta semana. ¿Qué tal unos deliciosos huevos Benedict el miércoles a las 8.00?». Al hacerlo, estás cuidando a tu contacto, brindándole un inicio de jornada estimulante y poniendo a tu favor las posibilidades en el caso de que tengas algo que ofrecer o sugerir.

32. Ferrazzi, Keith, *Nunca comas solo. Networking para optimizar tus relaciones personales*, Profit Editorial, Barcelona, 2020.

Recordamos con especial cariño a uno de nuestros primeros jefes —y el más singular, sin duda—, Enrique de Mulder, que de lunes a viernes aprovechaba los desayunos para convocar la reunión más importante del día y agasajar a los futuros clientes con los deliciosos huevos Benedict del Hotel Ritz. ¡Esos huevos facturaron millones! Y nosotros aprendimos una valiosa lección.

Ahora bien, es posible que quieras o necesites tiempo para una conversación más extensa o, simplemente, para disfrutar de la compañía del otro. En ese caso, el almuerzo es el rey.

Lo cierto es que da igual qué momento utilices, tu objetivo es invitar a alguien con quien conectar: un amigo, un compañero de trabajo, un mentor o incluso un competidor. Lo más importante es la conversación que tengáis. Eres tu mejor carta de presentación, así que muéstrate sincero, céntrate en escuchar y, sobre todo, disfruta. Recuerda que no será una comida de negocios, porque eso no existe: los negocios no quedan a comer, lo hacen las personas que construyen relaciones reales basadas en intereses comunes.

En la época en la que Sonia trabajó en Toyota, coincidió con Jacques Pieraerts, quien durante unos años fue el presidente de la compañía en España. Su agenda estaba tan ocupada como te puedes imaginar: reuniones, viajes, conferencias... Pero Jacques hacía algo que lo distinguía del resto. Primero, se ponía los cascos del departamento de atención al cliente para escuchar directamente las llamadas de las personas y, así, mejorar el servicio de la compañía. Segundo, varias veces al mes invitaba a comer a algún trabajador que no tenía cargo directivo. Durante esas comidas, jamás hablaba de trabajo; en su lugar, se interesaba por la trayectoria, los intereses y las ilusiones de esa persona. Hacer esto le permitió entender muchas cosas de primera mano y conectar de verdad con su equipo.

Los encuentros cara a cara son mucho más efectivos que cualquier otra forma de comunicación. Si, además, compartimos un plato de comida o una taza de café, la conexión se fortalece aún más. Estar en un ambiente relajado y propicio para la conversación no sólo facilita el diálogo, sino que comer en compañía también beneficia nuestros sistemas inmunológico, digestivo y circulatorio y reduce el estrés. Un festival para nuestro bienestar.

De cualquier modo, lo que realmente importa es la calidad, no la cantidad. No satures tu agenda de manera indiscriminada, céntrate en construir una cálida red de contactos con sentido común. Y, si no puedes quedar en persona, sigue el ejemplo de nuestro amigo Mago More.[33] Su agenda es caótica; recorre miles de kilómetros al año impartiendo conferencias, pero aprovecha sus paseos diarios para hacer llamadas y mantener su negocio y las conexiones vivas. De hecho, raro es llamarlo y que no esté en la cinta o en un pasillo del aeropuerto a más de cien pulsaciones por minuto. Es el precio de ser un gurú de la productividad y predicar con el ejemplo.

Así que la próxima vez que pienses en comer solo, detente y haz una llamada para invitar a alguien a unirse a ti.

33. More, Mago, *Superpoderes para el día a día*, Alienta Editorial, Barcelona, 2024.

Nunca sabes qué oportunidades pueden surgir de una comida compartida. Lo que sí es seguro es que estarás cuidando tu salud y enriqueciendo tu vida.

Ejercicio del capítulo

- Selecciona una vez al mes a dos personas de tu agenda de contactos, una clasificada en la lista amarilla y otra en la roja (se supone que con los verdes interactúas más). Pueden ser amigos, vecinos, compañeros de trabajo e incluso competidores.
- Organiza para ellos un desayuno o una comida.
- Hazlo desde la sinceridad; sé tú mismo, conversa, escucha, muestra interés. Sobre todo, disfruta.

30

Día 19: lidera un reencuentro

Pensemos:

- ¿Has dicho alguna vez la frase «a ver si quedamos pronto» o «tenemos que vernos más»?
- ¿Te gustaría asistir a encuentros donde se traten temas que te interesan, ya sean personales o profesionales?
- ¿Cuántas veces has liderado o propiciado un encuentro de amigos? ¿Y de desconocidos?

Es probable que pertenezcas a una cantidad considerable de grupos en redes sociales. Hablamos de personas a las que te ha unido o te une actualmente un vínculo: compañeros del colegio o de la universidad, amigos del barrio o con los que veraneabas, excolegas de tu antiguo trabajo... Nos sobran los motivos, como diría el maestro Joaquín Sabina.

La mayoría de los grupos pierde con el tiempo su esencia: muchos estarán dormidos y otros serán fuente inagotable de memes. Un punto que los caracteriza a casi todos es la ausencia de un liderazgo efectivo y afectivo, cuya misión sería mantener y crear oportunidades para entablar conexiones y debates de calidad.

Por este motivo, apenas te va a costar erigirte como líder del grupo. Para hacerlo, deberás tener intención, acción y tiempo —y, de este último, realmente menos de lo que piensas—. Por contra, la recompensa puede ser incalculable, dado el potencial que hay en recuperar y activar conexiones entre personas con afinidades similares.

Ponte en esta situación: imagínate que eres un emprendedor y que, para avanzar en tu camino, optas por inscribirte a un *mastermind* con el fin de compartir estrategias, novedades y dificultades colaborando con otras personas. Bien, ¿y si te decimos que tú puedes crear tu propio *mastermind*? Sólo faltaría encontrar a personas que comparten tu mismo interés y ser facilitador de los encuentros. Lo único que necesitas es un sitio, una hora y algo de perseverancia.

Todos los viernes a las 9.00 de la mañana, en el centro termolúdico de Caldea (Andorra), hay convocado un Café_Terapia. El objetivo es practicar el *fitness* social; de hecho, solemos hacerlo antes o después de nuestra rutina en el gimnasio. Hablamos de lo divino y lo humano, nada trascendental, porque este tipo de charlas ligeras son beneficiosas y muy agradables, dado que te aportan sentido de pertenencia —y, como ya hemos comentado, somos animales diseñados para estar en tribu—. Por tanto, aquí reforzamos lazos y creamos otros nuevos. A esa misma hora, y a pocos kilómetros de distancia, hay otro café, en este caso en Ordino, que es una especie de *mastermind* donde Judith, Nerea, Lara y Mari, emprendedoras digitales, comparten sus avances y bloqueos y encuentran un punto de escucha, apoyo y ayuda.

Además de compartir el día y la hora, estos cafés tienen en común que abordan un tema específico (social o profesional), que apenas exigen inversión en medios (no son más que una convocatoria de un grupo de WhatsApp) y que dan como resultado un grupo unido por un motivo.

Ahora hablemos de los beneficios de participar en este tipo de acciones. Por un lado están la autoconfianza (puedes hacerlo y lo haces), la mejora en tu capacidad de comunicación (les explicas a los demás el objetivo y los detalles de la convocatoria), el incremento de tu credibilidad (eres el punto de referencia) y, por encima de todo, la influencia que ganas para los demás. Sean o no asistentes a los encuentros que organices, te verán como alguien que ejerce un impacto positivo, tanto en el ámbito personal como en el profesional; con esto reforzarás tu imagen de marca y destacarás como alguien que mejora su entorno al crear un ambiente de colaboración entre las personas.

Nosotros tenemos un método para los encuentros, tanto de Andorrita como de Club84, que se llama HADA: Hacer. Arrojo. Desapego. Alegría. Se basa en lo siguiente:

- Hacer. Las ideas pueden ser brillantes, pero sólo existen en tu cabeza, tienes que hacerlas realidad. Fuera bloqueos. Mejor *hecho* que *perfecto*.

- Arrojo. El atrevimiento cuando creas algo bueno y bonito para los demás siempre trae abundancia, ya sea nuevas amistades, oportunidades, consejos o influencia.
- Desapego. El fracaso sólo existe si te paras. Por lo tanto, está descartado si lideras una iniciativa como ésta. No te obsesiones con el resultado. Si brindas las mejores herramientas y muestras una actitud positiva, lo habitual es que sea un éxito. Relájate.
- Alegría. Debes disfrutar de todas las partes del proceso. Nosotros siempre sonreímos preparando el evento con sólo imaginarnos cada momento. Ésa es la actitud.

Solemos liderar reencuentros de personas con las que estuvimos conectadas; no dejamos que se enfríe la relación, podemos decir que somos los que hacen el fuego para que se mantenga viva la llama. En una ocasión, lideramos un encuentro de excompañeros de HayGroup, donde ambos trabajamos. No nos llevó mucho tiempo. Creamos un grupo en LinkedIn —la mayoría continuamos conectados por esta red social— y fijamos una fecha y un lugar. Lanzamos la invitación y, pensando que la propuesta apenas alcanzaría a quince o veinte personas, reservamos un par de mesas en el restaurante de un amigo. Al final, tuvimos que apalabrar en exclusiva el restaurante entero porque aceptaron la invitación ochenta personas. Revivimos recuerdos y activamos de nuevo nuestro vínculo. De ese encuentro surgieron propuestas laborales y de inversión, nuevas quedadas y pensamos que hasta un nuevo romance. Y nosotros emergimos como figuras vehiculares para la mayoría de los asistentes. Fuimos los conectores. Los directores de orquesta que hacen posible que notas aisladas suenen a música celestial.

Ejercicio del capítulo

- Revisa los grupos a los que perteneces en las diferentes redes sociales y comprueba qué motivo de unión y tipo de liderazgo los caracteriza.
- Convoca a personas de tu agenda que tengan intereses comunes. Utiliza para ello una búsqueda de etiquetas (acuérdate del Día 3).
- Elige un punto de encuentro y disfruta de tu liderazgo.

31

Día 20: veinte segundos de atrevimiento

Pensemos:

- ¿Cuántas ocasiones se han desvanecido en tu vida por tener más miedo que coraje?
- ¿Cuántas veces has sentido que una pequeña dosis de valor podría haber cambiado el rumbo de tu día o incluso de tu vida?
- ¿Qué harías hoy si supieras que el rechazo es imposible?

Hay personas que creen en sí mismas de forma instintiva y hay otras que necesitan primero que alguien crea en ellas para poder hacerlo. Sin embargo, ante una situación inesperada o trascendental, ambas necesitan el coraje suficiente para tomar una decisión. Ese coraje fue lo que necesitó nuestro amigo José Víctor Alfaro para, tras ver una película en un vagón del AVE camino a Madrid, levantar el teléfono y solicitar una cita con la persona que podía cambiar su destino. Hoy, ya siendo el mejor podólogo de España, el primero en poner la tecnología al servicio del cuidado de los pies, lo cuenta en múltiples conferencias. Necesitó ese activador, esos veinte segundos de atrevimiento, para marcar el teléfono del Real Madrid y cambiar su historia y la de miles de pacientes. Se inspiró en la película protagonizada por Matt Damon *Un lugar para soñar,* que detalla la vida de Benjamin Mee y en la que reside un aprendizaje maravillosamente cierto, el de que sólo necesitas veinte segundos de valor para lograr increíbles cosas en la vida.

Los miedos, el qué dirán, la duda y el sentimiento de fracaso nos limitan y nos impiden arriesgarnos, dar una opinión, abrazar una oportunidad, preguntar o, simplemente, decir sí. Pero basta con veinte segundos de atrevimiento para creer, tener fe y estar lo suficientemente loco como para confiar en uno y en sus capacidades para alcanzar lo que anhela. Lo curioso es que cabe la posibilidad de que en ese lapso no generes el resultado que esperas, pero es más gratificante intentarlo que quedarse con la duda o la famosa pregunta que acecha siempre: «¿Qué habría pasado si...?». El objetivo del capítulo es que te atrevas con lo que te propongas, porque... ¿y si sí?

Te ayudará describir el peor escenario posible, ese cataclismo que sucedería si tomases acción. Te sorprenderá que lo peor que podría pasar ni siquiera es tan crítico. Después, piensa en cómo afrontarlo y en las soluciones para salir adelante. Tras estos dos ejercicios, estarás más cerca de actuar, porque casi nunca pasa nada malo o grave, más aún cuando lo que quieres es proyectar amor, deseos positivos, un consejo bueno o sincero o la mejor y más desinteresada ayuda. Pero incluso esto, lo mejor de la vida y a lo que hemos venido al mundo, exige coraje. Precisa de valentía, salir de la zona de confort y tomar una iniciativa que, aunque no va a cambiar el mundo, sí transformará tu relación con otra persona.

Un «perdóname», un «gracias por todo», un «estoy orgulloso de ti», un «me haces muy feliz», un «siempre te he admirado», un «te he echado de menos», un «me equivoqué, lo siento», un «quiero ayudarte» o un «¿puedes ayudarme, por favor?», un «tu amistad es increíble», un «gracias por apoyarme o perdonarme» y un «nunca te dije lo mucho que...» son fáciles de escribir o pronunciar, pero en muchas ocasiones necesitarás esos segundos de atrevimiento para expresarlos.

Para disfrutar más de la vida y conquistar nuestros sueños debemos dejar atrás el miedo y arriesgarnos. Si lo que dices o escribes es desde el amor, siempre funciona en el largo plazo.

Y, por supuesto, es mejor arriesgarse con los «¿puedo quedarme en tu casa un par de días?», «¿puedes presentarme a esa persona que conoces?», «¿puedes recomendarme para ese trabajo?» o «¿puedo pedirte que guardes un secreto?», porque el peor escenario es, sencillamente, aquel en el que la otra persona no está en el momento ideal para ayudarte. Y no pasa nada. No hay un saldo ni un marcador de ayuda y favores. Arriésgate a plantear tus deseos o necesidades. Más personas de las que piensas están deseando prestarte su ayuda. De no haberlo hecho, jamás habríamos conocido a la gente maravillosa que hoy forma parte de nuestro círculo de influencia y amistad.

Lo único que necesitas son veinte segundos de valor. ¡Adelante, hazlo!

Ejercicio del capítulo

- Chequea tu agenda y selecciona a cinco personas con las que nunca has tenido esos veinte segundos de atrevimiento.
- Piensa en lo que realmente quieres o necesitas y en cómo puedes ayudar a la otra persona.
- Identifica los miedos que te han bloqueado para dar ese paso: verás que las oportunidades superan tus miedos.

32

Día 21: la persona que falta en tu agenda

Pensemos:

- ¿Alguna vez has listado a esas personas a las que quieres conocer?
- ¿Qué acciones o planes llevarías a cabo para conocerlas?
- ¿Qué es para ti una persona interesante?

Estamos tan aleccionados y metidos en una senda concreta, que es posible que sientas que tus decisiones ya han sido tomadas por otros, hasta el punto de elegir por ti quién debe ser la persona correcta para relacionarse. Quizá el poder, el estatus y el dinero de esas personas sean lo que las eleva a una cima imaginaria en la que todos anhelamos estar porque sólo nos muestran sus luces. No nos permitamos ser nosotros las sombras.

Si, por ejemplo, eres un amante del fútbol, seguramente desees conectar con los grandes astros futbolísticos. Y, sin quitar méritos a sus habilidades ni a su recorrido profesional, realmente ¿te habrías fijado en Messi o Cristiano Ronaldo? Es probable que en lo personal no coincidan contigo ni te ayuden a ser mejor, pero su aura de popularidad resulta magnética. La riqueza, la fama y la belleza a veces nos nublan, pero debemos ir más allá y no tener una visión miope respecto a la persona que posee esos dones.

En este proceso de *selección* y conexión, es crucial que te rodees de *personas vitamina*,[34] concepto que popularizó la psiquiatra y divulgadora Marian Rojas Estapé. Gente con energía positiva y autenticidad, que posee la capacidad de elevar tu estado emocional y ayudarte. Conectar con personas con influencia o éxito en su campo está genial, pero también lo está hacerlo con aquellas que pueden nutrir tu bienestar. La *persona vitamina* es esencial porque su empatía y buena vibra te impulsarán hacia tus metas de una manera más equilibrada.

Recuerda siempre que eres especial por cómo eres y que tienes un potencial impresionante, no eres menos que nadie. Sal del camino y piensa a quién puedes hacer brillar más. No se trata de ser amigo de un astro futbolístico, un *influencer* o un famoso; si lo eres, genial. El objetivo del capítulo es averiguar qué personas potenciarán más tus habilidades y quiénes necesitarían de tus dones.

34. Rojas Estapé, Marian, *Cómo hacer que te pasen cosas buenas*, Espasa, Barcelona, 2018.

La primera pregunta es: «¿Cuál es tu meta?». Si fuera *escribir un libro*, seguramente te gustaría conectar con los mejores autores y editores, entrar en su círculo, empaparte de esa realidad, descubrir cómo piensan y trabajan en sus obras. Si fueras inversor, asistirías a las mejores conferencias, contactarías con el organizador y los ponentes, querrías estar en el networking que se crea después. Para cada objetivo hay una secuencia lógica, un plan de acción para llegar al área de influencia o de toma de decisiones.

Una vez que tienes clara tu meta, estudia qué personas son influyentes en ella. Ten en cuenta que debes ser realista y ambicioso a la vez. Investiga quiénes son los mejores, y, entre ellos, comienza por los que se encuentran a tu alrededor. Sé paciente —todo llega— y déjate sorprender por el poder que tiene la gente que hay en tu camino.

Te proponemos este ejercicio. Es la *llamada de los cinco minutos*. Te la explicamos:

- Lista a las personas que pueden elevarte hacia tu objetivo y con las que, además, podrías fortalecer tu relación.
- Dedica cinco minutos a la semana a cada una de ellas.
- Procura comunicarte con ellas o, al menos, dejarles un audio. Evita en lo posible los mensajes de texto. La premisa es que seas tú. Sé generoso.
- Interésate por cómo están, por cómo evolucionan y por sus dificultades. Comparte en qué punto del camino transitas, qué has logrado hasta ahora y qué consideras necesario para avanzar y cómo podrían ayudarte si lo desean.

• Observa minuciosamente su reacción: todo es un aprendizaje y así lo utilizarás para ir mejorando tu mensaje.

Quizá te parezca complicado, pero, si te presentas ante las personas adecuadas, cuyo nivel de conciencia les permite ayudar y compartir su sabiduría, sólo tienes que saber pedir. Están esperando que des el paso, porque ellas ya lo hicieron antes con otros. Lo ideal sería que alguien te las presente. Ya sabes lo que dicen: dos personas de cualquier parte del mundo están conectadas a través de una cadena de cinco intermediarios. Y esos cinco intermediarios —que, en este mundo de redes sociales, diríamos que hoy son apenas tres— son también muy valiosos para que alcances tu meta.

Por último, recuerda que estarás en la lista de otras personas. No te sorprendas por ello. Permanece atento a las señales porque, de alguna manera u otra, van a recurrir a ti para que ayudes y seas parte del objetivo de otros. Lo fundamental para pertenecer al círculo de la abundancia es entrar colaborando desinteresadamente con los demás. Eso te elevará y hablará de ti.

Nosotros también tenemos una lista. ¿Quieres conocerla? Seguro que puedes ayudarnos en nuestros objetivos. Entra en nuestra web <www.desbloqueatumillon.com> y chequéala.

Ejercicio del capítulo

- Selecciona a tres personas de tu agenda que puedan ayudarte a llegar a tu meta. Sé realista, pero también ambicioso, y, sobre todo, nunca descartes a nadie, porque no sabes quién tiene la llave de tu siguiente nivel.
- Estudia la mejor manera de contactar con ellas; puede ser por redes sociales, asistiendo a eventos o a través de otras personas.
- Practica el ejercicio de la llamada de los cinco minutos (dedica cinco minutos a cada una de las personas que van a ayudarte).
- Construye una red estoica con paciencia y constancia y, sobre todo, con interés sano y voluntad de querer ayudar.
- Permanece disponible. Eres valioso; por tanto, tú estarás en la lista de otra persona, así que muéstrate dispuesto a ayudar desinteresadamente. Entra en ese círculo de abundancia y llegará tu recompensa. Garantizado.

33

Día 22: «Preséntame a...»

Pensemos:

- ¿Cuántas oportunidades has dejado pasar por no atreverte a pedir una conexión valiosa?
- ¿Qué beneficio podrías obtener al ser presentado a personas clave que te ayuden en tu camino?
- ¿Qué ejemplos de éxito conoces donde una presentación adecuada llevó a grandes resultados?

Pedir el favor de que te pasen un contacto o que te presenten a alguien es una situación muy delicada y una destreza que a las personas les cuesta desarrollar de manera fluida. Aquí reside el objetivo del capítulo: dominar esta habilidad, todo un superpoder en la nueva era de las conexiones.

Para obtener el contacto que quieres, lo primero es ponérselo fácil a la persona que necesitas que te ayude. No le pidas su número sin más: todos odiamos a los gorrones —y seguro que te ha venido alguien a la mente, igual que a nosotros—. Explícale por qué es importante para ti y por qué crees que el beneficio puede ser mutuo. Imaginemos que quieres el número de WhatsApp del empresario español José Elías, y resulta que un amigo tuyo mantiene relación con él. Le podrías decir algo como: «Me encantaría que me conectases con José porque tengo la certeza de que podemos colaborar en un proyecto positivo para su empresa. Quiero explicarle la oportunidad de crear una plataforma de energía renovable distribuida con *blockchain*». Procura que la solicitud sea clara y específica, sin rodeos, y, por supuesto, no tengas miedo a mostrar la verdadera intención por la que precisas el contacto. Cuanto más influyente, mediático o famoso sea, más transparencia e información debes transmitir. Toda persona que se esconde detrás de un contacto es importante, sin duda, pero resultará más delicado entregar el de Florentino Pérez o el de su asistente personal que el de tu último fisioterapeuta.

Por otro lado, y volviendo al ejemplo de José Elías, cuando le explicas a la persona que tiene el contacto que quieres la oportunidad a la que hoy te enfrentas, debes esgrimir todos tus argumentos y pedirle su opinión sincera sobre cómo avanzaría él ante tu realidad. Comprobarás, como casi siempre, que será ella misma la que dé el primer paso y te brinde su apoyo y el contacto que necesitas. Algunos llamarán a esto *manipular*; otros, *persuadir*; nosotros preferimos no etiquetarlo, pero es obvio que se trata de algo primario o instintivo. Cuando haces partícipe a otra persona de una inquietud, crecimiento o proceso, es casi inevitable que quiera acompañarte y ayudarte.

Por otra parte, muestra gratitud por adelantado. Deja claro que valoras su tiempo y esfuerzo. Las personas viven demasiado ocupadas, y hay que apreciar realmente que consideren brindarte su apoyo. Si, finalmente, no consigues la conexión por algún motivo, sigue agradecido por el intento. Por supuesto, en caso positivo, se debe hacer seguimiento de la conexión y agradecer de nuevo el gesto. Mantener informado a tu contacto inicial sobre cómo fluye la relación servirá para fortalecer aún más ese lazo en el largo plazo.

Si te han ayudado, sé generoso. Aunque tu interlocutor ni lo intuya, debes ser consciente de la importancia de la ayuda prestada. Todos queremos personas leales y agradecidas a nuestro lado, y no sólo cuando las cosas funcionan. Por esto último, siempre seremos leales a nuestro amigo Fran Monaj, quien nos ayudó a conocer a José Elías. Como dirían en *Juego de tronos*: «Un Lannister siempre paga sus deudas».

Por último, recuerda que el humor y la creatividad son grandes aliados para conseguir el contacto que deseas, pues permite transformar una solicitud insípida en una experiencia memorable. Utilizar el humor crea un vínculo inmediato y muestra que eres alguien con quien es agradable interactuar. La creatividad demuestra que has puesto esfuerzo y originalidad en tu solicitud, lo que siempre se recuerda. En un mundo saturado de mensajes monótonos, ser divertido y creativo es un as en la manga que abre puertas y deja una impresión duradera. Imagina que decides grabar un vídeo donde explicas quién eres, la persona que tenéis en común y por qué quieres conocerlo. La autenticidad en un vídeo puede ser muy convincente, aunque no seas una persona con grandes dotes comunicativas. Nosotros utilizamos habitualmente los vídeos circulares de WhatsApp para conectar con otras personas. A todo el mundo le sorprende, ya que casi nadie los usa, y nos permite mostrarnos, en menos de un minuto, tal y como somos. Pruébalos.

Ejercicio del capítulo

- Elabora una lista de contactos en los que podrías generar un impacto positivo o de gran valor.
- Piensa en la persona que te servirá de eslabón para llegar a tu objetivo.
- Elabora un plan para que conocerte sea una oferta irresistible.
- Ponle creatividad, humor o un mucho de ambas. Sé natural y sincero. Si tienes dudas, manda un vídeo.
- Sé agradecido siempre, sea cual sea el resultado final.
- ¿Podemos nosotros servirte de ayuda? Si así lo crees, envía un mensaje a nuestro número de WhatsApp. No serás ninguna molestia.

34

Día 23: ayuda a tu *competencia*

Pensemos:

- ¿Qué beneficios obtendrías al colaborar con tu competencia?
- ¿Cómo puedes transformar tus relaciones profesionales si empiezas a ver a las personas de tu competencia como aliados?
- ¿Qué impacto tendría en tu reputación ser conocido como alguien que apoya a su competencia e incluso colabora con ella?

Si quieres ser esa persona magnética, especial, única, carismática, inspiradora y que a todo el mundo recuerda, debes hacer lo que el 99 por ciento de la gente no hace o ni siquiera se plantea. Tu objetivo será ayudar a tu *competencia*, y lo marcamos en cursiva porque, realmente, la única competencia es tu mejor versión de ayer. Ésta es, sin duda, una de las decisiones que mayor impacto generan tanto en el *ayudado* como en el entorno.

A lo largo de estos años, hemos tenido decenas de oportunidades de desarrollar esta habilidad, en la empresa privada, en el emprendimiento y hasta en la escuela de negocios. Y, casi en el cien por cien de las ocasiones, hemos recibido una respuesta positiva y de gratitud. Luego explicaremos el *casi*. Recuerda: da más de lo que recibes y recibirás en abundancia.

Al impulsar esta acción, comprobarás la cara de incredulidad y el asombro de quien se beneficia de semejante acto, y te ganarás por siempre la confianza y la amistad de quien, sobre el papel, debería ser un rival. Pongamos como ejemplo el caso de Borja, quien, en su época como mentor de *traders*, fue el único profesional que se llevaba bien con toda su competencia; y no sólo eso, sino que también los ayudaba y compartía datos de valor sobre campañas de publicidad, evolución de ventas, pulso empresarial del sector o gestión de alumnos. Personas que arrancaron en un mismo sector, que superaron en mucho sus ventas y a los que siempre atendió, incluso en áreas alejadas del negocio. ¿Qué le trajo esto a Borja? Imaginas bien: abundancia y satisfacción. Hoy puede levantar el teléfono y sabe que personas de gran calado y reputación atienden su llamada y lo consideran su amigo y nunca un rival. Procura estar siempre al servicio de los demás y nunca jamás hablar mal de nadie, sobre todo de la competencia. Cometer semejante acto dice muchísimo más del emisor del mensaje que del afectado o la diana de las críticas.

En el trabajo por cuenta ajena sucede algo parecido. No hay rivales, cada uno tiene una forma de proceder distinta, y, a la hora de progresar, debes ser un impulso, no una zancadilla para el resto. Lo otro es una estrategia de muy corto plazo que absorbe energía y desencadena vibración que todo el mundo percibe. ¿En cuántas ocasiones has visitado un despacho donde se corta el ambiente con un cuchillo? ¿Crees que merece la pena trabajar en esa frecuencia? El cuerpo es sabio, y, si cronificas un ambiente tóxico, tu vida no puede fluir. Luchar para que no suceda es esencial y ayudar a la persona que mañana puede ser tu jefe —o de la que tú puedes ser el jefe— es una medida preventiva extraordinaria.

En un mundo empresarial líquido y cambiante no podemos ser cada día menos humanos. Los valores no se programan en un algoritmo, se deben trascender. *El arte de la guerra*, de Sun Tzu, nos llevó hasta el siglo XXI, pero, en este período de apatía moderna, pensar que todo es una guerra sólo empeorará tu empleabilidad; por el contrario, la cooperación, la gratitud y el compañerismo serán los cimientos que acompañen a tu éxito.

Hablemos ahora de los fracasos en nuestra lucha por la conexión, los vínculos y el pensar que tener rivales es un sinsentido. Allá por 2009, cuando Borja cursaba un máster en ESADE Business School y era delegado de promoción, se le ocurrió la brillante idea de hacer un punto de encuentro entre estudiantes de las distintas escuelas de negocios de Madrid. Hasta ese momento, si eras del Instituto de Estudios Superiores de la Empresa (IESE), no te relacionabas con los estudiantes de ESADE, y, si eras del Instituto de Empresa (IE), pues mucho menos. Toda una incongruencia para nuestra cabeza. Y ahí vino la labor titánica —pero poco fructífera— de Borja, que visitó hasta en tres ocasiones las sede del IE, en la calle de María de Molina (Madrid), sin éxito alguno. Y no sería por la buena vibra y las ideas poco intrusivas que expuso: conocer a sus homólogos de máster y participar en un día de convivencias con otros estudiantes y profesionales, compartir conocimientos y la visión empresarial de nuestro mundo, conectar a los futuros líderes y directivos. Suena bien, ¿verdad? Pues no hubo acuerdo. Al menos se llevó un aprendizaje que supo exponer en el discurso de graduación, que aplaudieron maestros y alumnos.

Ten miras altas. Nadie perturba tu realidad. Sólo hay rival si tú mismo te limitas, y hemos venido a conciliar con otras personas esta existencia maravillosa que se nos escapa por segundos. Así, la vida te regalará momentos y personas únicos en el camino.

Ejercicio del capítulo

- Consigue el contacto de tres competidores y envíales un mensaje sincero por WhatsApp o e-mail en el que expreses tu admiración por algún aspecto específico de su trabajo. ¡Hay tanta gente a la que admirar...!
- Selecciona un artículo, un estudio o un recurso útil y envíaselo a tus competidores por WhatsApp, correo electrónico o LinkedIn; explícales brevemente por qué crees que les será útil. Lo van a flipar.

- Invita a un café a tu competencia. Muéstrate disponible. Comparte valor. Crea un *mastermind* informal donde todos podáis sumar. Un día te llevarás tú la pepita de oro y otro día será otro. La abundancia es ilimitada. Se crea en acciones así.

35

Día 24: el representante

Pensemos:

- ¿Cómo puedes cambiar la vida de tus amigos si los conectas con las personas adecuadas en el momento justo?
- ¿Qué oportunidades pueden surgir si actúas como puente entre personas con talentos y experiencias complementarios?
- ¿Cómo mejoraría tu influencia al ser visto como alguien que facilita conexiones valiosas?

En el verano de 2023 Borja organizó una comida con dos buenos amigos, personas que se admiraban, pero no se conocían. Eran Lain García Calvo y Alejandro Novás, dos grandes tipos de los que nos sentimos orgullosos. No fue una simple comida de amigos, sino una de esas que alimentan el alma y te cargan de energía. Hubo algo más. Se abrió un portal de abundancia y conexión en el restaurante Pins Mar, en San Andrés de Llavaneras. La foto inmortaliza el recuerdo del nacimiento de algo más grande, más próspero. Barato salió el encuentro, sin duda.

Gracias a la visión de Lain y Alejandro, hoy somos los representantes no solicitados de muchos amigos y conocidos. «Borja, cuando estoy contigo, tengo la sensación de que eres como mi mánager, siempre atento a que escuche o acuda a un pódcast, a que chequee una nueva iniciativa o a darme un ángulo nuevo para mi negocio.» Oír aquella afirmación de una persona como Lain y observar la mirada felina de Alejandro fue todo lo que necesitó Borja para entender que había mucho más potencial en una manera de proceder habitual para nosotros, pero muy atípica en general. Ese acto, además de servir de soporte para su entorno y de ser una realidad empresarial, podía funcionar como inspiración para otros muchos que poseen la misma vocación de servicio.

Las personas a veces nos unimos o nos buscamos cuando nos aprieta el zapato, cuando necesitamos algo concreto o queremos que nuestro negocio fluya, pero pocas veces esa reacción se convierte en un gesto proactivo de *venta* de alguien a quien aprecias y valoras. Te lo explicamos con un ejemplo muy visual: los residentes que acaban de aterrizar en Andorra nos piden que les recomendemos servicios; entre ellos, siempre están el médico de familia, el supermercado y la peluquería. Pues bien, cuando vemos que los nuevos vecinos aún no tienen elegidas estas opciones, compartimos directamente las nuestras: «Te envío el contacto de la mejor peluquera de Andorra y el de nuestro médico, que es un *crack*, y la ubicación de un supermercado donde la relación calidad-precio está genial».

¿Qué pasaría si, en lugar de esperar a que te pregunten, tomas la iniciativa? ¿Qué tal si te conviertes en el representante no solicitado de tus amigos, de esas personas cuyo trabajo, talento y pasión merecen ser conocidos por otros? Esto no sólo beneficia a tus amigos, sino que también te posiciona como un conector que añade valor sin esperar nada a cambio.

Precisamente, el desapego es una pieza clave en la representación no solicitada, sobre todo porque puede ser que la jugada no salga como esperas: no será por tu intención, sino por el momento de los *representados*. Eso nos pasó cuando conectamos a dos personas —por razones obvias, omitimos sus nombres— con pasión por el deporte, la naturaleza y los gatos. De hecho, el empuje que nos llevó a presentarlas fue que habían tenido la misma idea empresarial, una cafetería donde puedes disfrutar de la compañía minina mientras degustas tu bebida. ¿Qué podía salir mal? Pues absolutamente todo. En esa reunión había más tensión que en un cable eléctrico en plena tormenta, puesto que la actitud no fue de escucha y colaboración, sino de miedo a robarse o copiarse una idea —que, por cierto, ya era centenaria.

Aunque es importante tener conciencia de que las cosas se pueden torcer, no dejes que ejemplos como el anterior te frenen, pues, al ejercer de representante, no sólo ayudas a un amigo depositando parte de tu confianza y de tu reputación en él, sino que mejoras tu entorno al hacerlo más colaborativo y crear un efecto contagio con tu gesto.

Esta práctica de actuar como representante no solicitado tiene una magia especial: te transforma en un catalizador de cambios positivos en la vida de los demás. Cuando eres ese puente que conecta, te conviertes en una pieza clave en el éxito de tus amigos y en alguien indispensable en tu propio círculo. Eres la persona que hace que las cosas sucedan, que lleva la conversación más allá de lo trivial y que crea sinergias donde antes sólo había potencial no explotado.

Es el caso de nuestra amiga Virginia,[35] una numeróloga excepcional y maestra en el uso de esta poderosa herramienta de autoconocimiento. Con su habilidad para descifrar los bloqueos que nos impiden alcanzar nuestro máximo potencial, sus sesiones han sido de gran ayuda en momentos cruciales de nuestro camino. Por eso, no perdemos la oportunidad de *representar* a Virginia; nos sentimos felices por cómo ha crecido su emprendimiento y por los resultados tan positivos que ha logrado en decenas de personas de nuestro entorno, quienes nos agradecen por haber facilitado esta valiosa conexión.

Imagina el impacto que podrías tener si, al menos una vez al mes, decidieses ser el embajador de alguien en tu red. Tal vez conectes a ese amigo con un potencial cliente o introduzcas a un colega talentoso en un grupo donde su conocimiento sea valorado. Las posibilidades son infinitas, y el retorno, aunque no inmediato, es incalculable.

35. <https://www.losnumerosconvirginia.com>.

Ser el representante no solicitado de tus amigos es, en esencia, un acto de amor y de visión. Es reconocer el potencial en otros y querer que ese potencial sea visto y apreciado por quienes pueden ayudar a elevarlo. Y, en ese proceso, te elevas tú también. Porque, al final del día, cuando los tuyos ganan, tú ganas. Y cuando todos ganan, las conexiones se fortalecen y hacen de tu vida —y de la de los que te rodean— algo mucho mejor.

Te lo mereces. Nos lo merecemos.

Ejercicio del capítulo

- Chequea tu móvil y elige a diez personas de tu agenda con bagajes personales o profesionales interesantes y piensa en alguien que podría mejorar su vida o su negocio. ¡Ponlos en contacto!

36

Día 25: una lección valiosa

Pensemos:

- ¿Qué conocimientos y experiencias valiosas están ocultos en tu red de contactos?
- ¿Qué historias de éxito conoces que comenzaran después de que alguien compartiese una lección valiosa?
- ¿Qué oportunidades podrías descubrir al destacar los talentos de tus amigos?

Todos hemos dicho eso de «tengo un amigo que es un *crack* en...»: hemos destacado su habilidad, compartido algunos de sus logros y... Y, después, nada de nada. Dimos sólo un titular y dejamos pasar oportunidades estupendas para compartir y extender ese conocimiento, que se queda reducido a un entorno minúsculo comparado con el alcance al que podría llegar. El objetivo del capítulo es compartir la sabiduría que hay en tu red de contactos.

Fran tiene un negocio líder del sector de la enseñanza del inglés gracias a un método propio y a su *expertise* sobre cómo conquistar y retener a los clientes. Por su parte, Nacho es dueño de un negocio que no levantaba el vuelo debido a unas reseñas de Google que lo estaban lastrando. Coincidieron en una cena en nuestra casa, y, al exponer Nacho su problemática, Fran, con total naturalidad, nos explicó que él había vivido esa misma situación y, con mucha empatía, propuso su remedio: contactar uno por uno con esos clientes que habían dejado reseñas con puntuaciones bajas, averiguar el motivo de su valoración, ofrecerles soluciones y, si tras éstas quedaban satisfechos, invitarlos a que evaluaran de nuevo. Dicho y hecho, el negocio de Nacho ya está remontando.

Y ahora viene la pregunta qué estás esperando: ¿por qué sólo Nacho o, como mucho, los participantes en la cena nos hemos enterado de este consejo para mejorar nuestros negocios? Siguiente pregunta: ¿eres consciente del potencial de conocimiento que hay en tu red de contactos? En un mundo cada vez más interconectado, cada persona de tu entorno posee habilidades y experiencias únicas que seguro que aportarán valor a los demás.

Ahora te explicamos paso a paso cómo se puede crear una cadena extraordinaria de valor, donde obtendrás tantos beneficios como oportunidades. Porque a todos nos gusta que nos escuchen, que nos hagan sentir únicos al darnos reconocimiento e importancia. Esta acción, con dosis de generosidad y un interés sincero en que tus relaciones sean aún más valiosas, te llevará a ser reconocido como un conector de primera. Vamos con esos pasos:

- **Paso 1.** Identifica a las personas con conocimientos o habilidades destacadas en algún área específica. Esto te permitirá tener una visión clara de quiénes pueden aportar lecciones valiosas en diversos campos. Por ejemplo: «Olga, especialista en experiencia del cliente».
- **Paso 2.** Ponte en contacto con estas personas y explícales tu idea de compartir aprendizajes valiosos. Pídeles, además de su permiso, que te proporcionen una lección, un consejo o una idea clave de su área de experiencia que pueda ser útil para otros: «Hola, Olga. Como te comenté, estoy creando una cadena de lecciones valiosas para compartir. ¿Te importaría dejarme un audio, como máximo de tres minutos, con algún consejo o aprendizaje clave para mejorar la experiencia del cliente? Este conocimiento será muy útil para muchas personas y a ti sólo te costará tres minutos ¡Gracias, guapa!».
- **Paso 3.** Comparte estas lecciones con el resto de tu red. Puedes hacerlo a través de mensajes directos, publicaciones en redes sociales, correos electrónicos o cualquier otro medio de comunicación que utilices habitualmente. Asegúrate de mostrar agradecimiento al creador del sabio consejo.
- **Paso 4.** Anima a tus contactos a hacer lo mismo;

de esta manera, crearás una cadena de sabiduría que se expandirá más allá de tu red, lo que beneficiará a muchas más personas.

A nosotros nos pasó en Andorrita. Solemos reunirnos casi un centenar de personas para disfrutar de un rato de charla, y resulta bastante complicado recordar el nombre de aquellos con quien hablas y, a su vez, romper el hielo si te acercas a un desconocido. Por eso, nuestro amigo Aleix nos proporcionó una idea clave y novedosa: «¿Qué os parece si nos dais la bienvenida con un identificador que, además de nuestro nombre, incluya nuestro lugar de procedencia?». Dicho y hecho. Eso funcionó a las mil maravillas porque también añadimos el tiempo de residencia en Andorra, de manera que los que llevaban unos meses recibieron una acogida impresionante, y los más veteranos, una ronda de interesantes preguntas.

Comparte, inspira y disfruta creando un entorno más conectado y colaborativo para todos.

Ejercicio del capítulo

- Identifica tres personas en tu red con habilidades o experiencias valiosas.
- Piensa en cómo podrían beneficiar a otros contactos que conoces.
- Comparte lo que aprendas de ellas como creas oportuno: en redes sociales, por correo electrónico, en algún encuentro...

- Agradece y reconoce públicamente las contribuciones de cada uno. Comparte tu mensaje con nosotros en nuestro número de WhatsApp, nos encantará recibirlo.

37

Día 26: una entrada más

Pensemos:

- ¿Cómo cambiarían tus relaciones si comenzaras a invitar a tus amigos a vivir más momentos contigo?
- ¿Estás aprovechando las oportunidades para crear recuerdos compartidos con las personas que te importan?
- ¿Qué te detiene de convertir un simple plan en una experiencia inolvidable para ti y alguien más?

Dicen que compartir es vivir, y no podemos estar más de acuerdo: ciertas vivencias se quedan en el cajón de los buenos momentos de tu memoria porque, que como demuestra un estudio,[36] las experiencias compartidas son

36. Boothby, Erica J.; Clark, Margaret S., y Bargh, John A., «Sha-

más intensas y fortalecen el vínculo de conexión. Ahí está la gracia, en crear esas situaciones mágicas e inesperadas.

En nuestra memoria está un concierto de Shakira, y no sólo por el espectáculo que nos brindó la colombiana, sino porque tuvimos la fortuna de ser invitados por nuestros amigos Jesús y Surema. Antes del *show*, fuimos a tomar unos torreznos, una comida típica española que nuestra amiga venezolana adora; que el bar estaba a reventar de gente, pero que Jesús *hizo codos* y consiguió milagrosamente una mesa. Reímos mientras llenábamos la panza y nos cargamos de energía para bailar y cantar. Qué buena noche. Han pasado años y todavía la recordamos.

En este capítulo queremos proponerte como objetivo una acción enfocada a disfrutar en compañía; para ello, cuando acudas a un evento, ya sea una obra de teatro, una sesión de cine, un partido de fútbol o un concierto, piensa con quién te gustaría asistir y a quién de tus contactos le gustaría acompañarte. Es sencillo, sólo tendrás que sacar una entrada más. Y ya depende de ti el grado de impacto: sabemos que es complicado si pensamos en ir a ver a Taylor Swift, pero no tanto si se trata de una película.

Precisamente, una de las anécdotas que Sonia guarda con más cariño en su memoria es ésta:

> Una de las películas que más he disfrutado es *Bohemian Rhapsody*; además de por su historia y su banda sonora, principalmente porque el día que la vi necesitaba una válvu-

---

red experiences are amplified», *Psychological Science*, 25, 12 (2014), pp. 2209-2216.

la de escape. Era día de cierre, y todos los que tenéis marcados estos días en vuestra agenda profesional sabéis qué tipo de jornadas son: larguísimas horas, tensión, algo de presión... Por eso, agradecí en el alma cuando mi amiga Anabel me envió un correo con un título que despistaba —«We are the Champions»— y que llevaba adjuntas dos entradas para asistir a la sesión nocturna de la película sobre Queen en uno de esos cines *deluxe* que, por aquel entonces, suponían toda una novedad porque casi podías tumbarte mientras devorabas una hamburguesa servida en tu asiento. ¡Cómo lo disfruté! Gracias a ese gesto, cada vez que vuelvo a ver la película, y ya van unas cuantas, es un motivo más para recordar a Anabel con una sonrisa.

Lo importante de esta acción es que la hagas con el corazón, porque lo que vas a ofrecer no es solamente una entrada más, sino decirle a la persona: «Me importas y me gusta compartir tiempo contigo». Y eso a quien lo recibe le provoca un subidón espectacular.

Lo habitual es que te pregunten antes de recibir la invitación («¿te gustaría acompañarme a...?»), lo cual sin duda está bien, pero así no destacas. Lo que queremos es que te saltes a la torera el *protocolo*, compres las entradas y llames a la otra persona o, mejor aún, le envíes una foto para que compruebe que vas en serio y conecte emocionalmente mucho más con tu invitación: «Tengo esta entrada para ti». Es un método más directo, más personal; vas al grano, dispuesto a conectar, disfrutar e inspirar a ese acompañante. Con este gesto, serás recordado.

Obviamente, para aplicar este principio debes tener en cuenta un par de detalles para triunfar a lo grande. En primer lugar, sus gustos; para ello, volvemos a recomendarte leer el capítulo sobre el Día 3: si has hecho bien los deberes, en las etiquetas de tus contactos tendrás información más que suficiente para acertar. En segundo lugar, cuál es el momento adecuado; asegúrate de que dispone de tiempo para acompañarte. La anticipación es parte de la diversión, así que planifica bien la estrategia. Las parejas de las *víctimas*, si las tienen, suelen ser grandes aliadas. Por último, haz que el momento sea especial con una nota o una pista, esto ya dependerá de tu grado de confianza con esa persona.

Imagina la sonrisa en el rostro de tu amigo al recibir esa invitación inesperada, como la historia de nuestra amiga Anabel. Piensa en el vínculo que se fortalece con cada momento especial. Porque, al final, la vida se trata de eso, de coleccionar instantes, de crear recuerdos y de disfrutar de experiencias que marquen la diferencia. La obra de teatro más anodina puede ser una tarde gloriosa en compañía de la persona correcta. Y tienes en tus manos la capacidad de hacer que cada uno de esos momentos cuente, que cada evento sea una ocasión para celebrar y conectar.

Así que la próxima vez que tengas la oportunidad de asistir a un evento, no lo dudes. Saca una entrada más. Llama y envía una foto con el siguiente mensaje: «Tengo esta entrada para ti». Y prepárate para vivir una experiencia que ambos recordéis para siempre. Porque compartir es vivir, y tú tienes el poder de lograr que esa vida sea extraordinaria.

Ejercicio del capítulo

- Busca un evento (concierto, sesión de cine, conferencia...) al que ir esta semana y saca una entrada más.
- Chequea tu agenda, sobre todo, tus contactos del semáforo rojo: ésta es una ocasión perfecta para generar impacto y reactivar conexiones.
- Asegúrate de que este evento esté entre sus gustos y que tenga tiempo para acompañarte. Planificar te ayudará a coordinar vuestras agendas.
- Si quieres, comparte la experiencia con nosotros enviándonos un mensaje a nuestro número de WhatsApp.

38

Día 27: microacciones de impacto

Pensemos:

- ¿Recuerdas alguna ocasión en la que un pequeño detalle, un «gracias» o un reconocimiento haya mejorado tu día?
- ¿Has pensado en cómo las pequeñas acciones pueden tener un recuerdo duradero en tus relaciones?
- ¿Cuántas veces un gesto amable puede llegar a cambiar nuestra perspectiva sobre una situación o persona?

Estás pensando en impactar a alguna persona que te interesa y lo que te viene a la cabeza es que deberías hacerlo con algo grandioso. Es una opción, pero ni mucho menos es la única: en este capítulo el objetivo son los microimpactos, acciones simples, rápidas y efectivas que se convertirán en una de tus mejores armas para relacionarte con tu entorno y que comenzarás a utilizar hoy mismo.

Son esas pequeñas chispas de sorpresa, como cuando abres la puerta de tu habitación de hotel y encuentras un bombón en la almohada junto con una nota manuscrita con tu nombre. No es el chocolate lo que te conmueve, sino el gesto: la sensación de que alguien ha pensado en ti, de que, en medio de la rutina y tras el viaje, hay un detalle que te recuerda que eres importante. Es la magia de lo inesperado, eso que transforma lo ordinario en algo especial.

Agradecimiento en diferido

¿Recuerdas a esa persona que te recomendó un restaurante? ¿O a ese contacto que te presentó a alguien importante para tu negocio? Estamos convencidos de que en su día les diste las gracias, y seguro que sinceramente. Y ese acto que hicieron por ti quedó ahí, en el pasado; la cuestión es traerlo al presente, hacerlo vivo de nuevo y que perdure tu gratitud. Es muy sencillo: en el caso del ejemplo del restaurante, lo más probable es que pasen días desde que recibes la recomendación hasta que lo visitas; por tanto, cuando vayas a probarlo, vuelve a agradecer, esta vez en diferido. Igual que nuestros amigos Judith y Raúl, que nos escribieron lo siguiente: «Os hemos hecho caso. Hemos probado el entrecot del Hotel Roc Blanc. ¡¡Estaba buenísimo!! Gracias por la recomendación». Adjuntaban una foto en la que se los veía contentos devorando el plato, y es que una imagen vale más que mil palabras. Para el segundo ejemplo, cuando una persona te conecta con alguien, recuérdala y trasládale tu agradecimiento cuando esté sucediendo algo relevante: «Gracias por presentarme a Andrés, hoy estamos firmando un pedido para un cliente importante».

Estos agradecimientos inesperados tienen más fuerza porque demuestran que no te olvidas de los demás y que aprecias su ayuda tiempo después. No son momentos fugaces. Agradeces en diferido.

Dar la propina al llegar

Como te hemos comentado en el capítulo 11, es interesante cambiar el momento de la propina. Las reglas dicen que el ciclo normal es comer, pedir la cuenta y dejar la propina según el servicio que te han ofrecido. Bien, ahora vamos a volver locos al camarero y a tus acompañantes con esta microacción. Para ello, dale al camarero su propina al principio. No sólo recibirás un mejor servicio, sino que estarás creando una buena energía desde el inicio. La propina después de la comida es como un «gracias, ya volveré otro día», y el buen rollo que se genera no te lo llevas tú, sino que lo hereda la mesa siguiente a la tuya. Entregar la propina esconde otro mensaje: «Confío en ti, hagamos que esta experiencia sea genial». Te sorprenderás del impacto que tiene.

La sorpresa de un detalle

Esto es muy típico de los enamorados, pero ¿por qué no extenderlo al resto? No es tan difícil, y puedes alegrarle el día a cualquiera. ¿Que a tu contacto le gusta el chocolate? Regálale una tableta con alguna historia. «Dicen que este chocolate está increíble, eso sí no lo devores en un santiamén.» Los gestos así demuestran que valoras la relación y estás pendiente. Como ves, no hay que gastar una fortuna en tiempo y dinero, y, como utilizarás las etiquetas que te explicamos en el Día 3, no es difícil encontrar fuentes de inspiración para estas acciones.

Hace apenas unos meses, una amiga de Borja y referente en *fundraising*, Belén Roldán, viajó a tierras caribeñas. Conocedora de su pasión por los puros, a su vuelta le obsequió con un Opus X de Arturo Fuente y una carta manuscrita en la que relataba su viaje y cómo recordó su pasión por los habanos. Para Borja, fumar ese puro fue especial. Saber regalar es un arte en el que la clave está en el detalle. Que se acuerden de uno mola, pero que te lo demuestren con cariño y con algo que aprecias es de nota. Belén sacó matrícula de honor.

La típica nota inesperada

Nos encanta dejarle notas manuscritas a nuestra hija en el estuche o en la bolsa del almuerzo. Al escribirlas, imaginamos su cara sonriente, y para nosotros es un chute de felicidad. Parece algo del siglo pasado, pero tiene un impacto genial. No hace falta ser un poeta, ni escribir un texto larguísimo: con un mensaje corto e incluso un emoji, crearás un impacto inmediato. ¿A quién no le vendría bien que un compañero de trabajo le dejase un *post-it* con un mensaje de ánimo cuando tenemos un mal día? ¿O recibir una felicitación por algún objetivo conseguido?

Empieza a implementar estas microacciones hoy mismo. No te llevarán más tiempo del que gastas en revisar tus redes sociales, pero los resultados serán muchísimo más significativos. Con cada pequeño detalle estarás construyendo relaciones más fuertes, creando un ambiente más positivo a tu alrededor y abriendo puertas a nuevas oportunidades. Actúa y verás lo divertido que es generar efectos *wow*.

Ejercicio del capítulo

- Haz una microacción de impacto durante la semana. Puede ser enviar un mensaje de agradecimiento, dejar una nota motivacional o dar un pequeño detalle inesperado. Si implementas este hábito en tu día a día, conseguirás que estas iniciativas se vuelvan naturales y efectivas. Lo vas a pasar en grande disfrutando de las reacciones.

39

Día 28: comparte un recuerdo feliz

Pensemos:

- ¿Te has preguntado por qué algunos momentos que has vivido se quedan para siempre en tu mente?
- ¿Has tenido la sensación de revivirlos con mucha claridad, pero, sobre todo, con una sonrisa en la cara?
- ¿Te imaginas el impacto que puede tener recordarle a alguien una anécdota alegre que hayáis vivido juntos?

A veces miras una foto, vuelves a un lugar o hueles un aroma y, ¡zas!, a tu mente llega un recuerdo feliz: ese viaje, aquella noche de fiesta, esa deliciosa comida... Te da la sensación de volver a vivirlo, y todo esto tiene su explicación: nuestro cerebro no distingue entre lo real y lo imaginario, por eso revive aquellas emociones casi con la misma intensidad de entonces. Te invitamos a hacer la prueba. Mira una foto de algún momento especial de hace años, observa cada detalle. ¿Por qué sonreías, con quién hablabas, qué te pasaba por la mente?

El tema es que muchos de esos recuerdos han sido compartidos con personas a las que tenemos aprecio o con quienes nos une algún vínculo, y la mayoría de las veces, cuando los revivimos, lo hacemos a solas, sin ellas. ¡Cuántas y qué buenas oportunidades perdidas!

En este capítulo, el objetivo es compartir recuerdos, y no se trata de una cuestión de nostalgia; es algo mucho más elevado que todo eso, y cuesta muy poco hacerlo. Este simple gesto es una estrategia infalible para conectar de verdad con las personas, como si les dijeses: «Eh, oye, estoy recordando este momento que vivimos. Fue increíble gracias a ti».

Estar en el corazón de los demás, en la mente y en los recuerdos, es darles un poder genial, es hacerlos valiosos. Seamos sinceros, ¿a quién no le gusta sentirse así? Y más aún si es algo sincero y desinteresado.

Compartimos como ejemplo una anécdota que le ocurrió hace poco a Borja:

> Fui a Madrid a una cena de negocios con mi amigo Jorge Sánchez. Nos citaron en un local de moda del paseo de la Castellana. A medida que me acercaba al lugar, estaba cada vez más impactado: no podía creerme que justo nos hubiesen convocado en el Ten Beach, que muchos años atrás había sido el punto de reunión de mis mejores amigos. ¡Madre mía, si esas paredes hablasen! Inmediatamente reviví un mon-

tón de momentos geniales, lo jóvenes que éramos, las cosas que nos pasaron. ¿Qué hice? Con el subidón que dan los buenos recuerdos, cámara en una mano y copa de vino en la otra, me grabé en vídeo y lo compartí con mis colegas de fechorías, entre risas y la sorpresa del resto de comensales. El resultado fue que el chat de WhatsApp del grupo explotó de alegría. Al poco tiempo, volvimos todos de nuevo al local. Esta vez, con canas y más barriga, pero con el mismo espíritu del año 2000. Me resulta imposible no emocionarme. Hasta deseé tener el Ford Fiesta blanco de entonces. En el deportivo no caben mis colegas juntos.

Una de las mejores consecuencias de compartir recuerdos es la reacción en cadena que provoca, como si fuera un virus, pero de los buenos. Entras en una sensación de euforia contagiosa e invitas a otras personas a recordar vivencias bonitas, divertidas, entrañables. Esto, inevitablemente, genera una sonrisa en la cara del otro. Además, el vínculo con la otra persona se refuerza porque surge un sentimiento de pertenencia, de grupo, de compadreo. Se crea una historia compartida que perdura en el tiempo y la distancia. Dan igual los años que hayan pasado o que estemos a kilómetros de distancia, algo nos une, y tienes el poder de activarlo cuando quieras. Al hacerlo y, sobre todo, al compartirlo, vas a crear felicidad y sonrisas.

Sin embargo, la intención no es recordar, compartir y ya está. Lo ideal es que reflexiones, que pienses en cómo está tu relación, cómo ha impactado en tu vida, y, después, que agradezcas que esa historia compartida exista y lo hagas saber. Puede ser un pequeño gesto, porque a veces no hay más que enviar una foto con un mensaje simple, o recordar una anécdota que te haya venido a la mente, pero en tu mano está alegrarle el día a otra persona. Es más, en este mundo hiperconectado, en el que compartimos tantas cosas a través de las redes sociales, muchas de ellas tan vacías, este ejercicio supone una vuelta a lo esencial y a lo humano, al calor de la tribu. ¡Comparte felicidad!

Ejercicio del capítulo

- Abre ese cajón donde guardas las fotos antiguas o, en su defecto, la galería de imágenes de tu móvil. Elige una de ellas. Ponte cómodo, cierra los ojos y piensa en un momento que te haga reír como un tonto. No tiene que ser una aventura épica, puede ser cualquier anécdota, una broma o hasta un descalabro del que hoy te rías.
- Pon ese recuerdo en palabras. No te agobies por hacerlo a la perfección, sólo sé honesto y auténtico. Describe qué pasó, cómo te sentiste y por qué fue especial.
- Coge tu teléfono, manda el mensaje o incluso graba un audio o un vídeo. No te compliques si no quieres. Algo simple, como: «¿Te acuerdas de ese día...? Qué bueno fue compartirlo contigo. Fue especial gracias a ti».

40

Día 29: díselo a Joe

Pensemos:

- ¿Te has cruzado con alguien al que admiras y no has sido capaz de mostrarle tu reconocimiento por pudor?
- ¿Cuántas veces has asumido que serías una molestia cuando en realidad podrías estar alegrándole el día a alguien?
- ¿Te has parado a pensar que expresar gratitud y admiración ante otros podría inspirar a más personas a hacer lo mismo?

Permítete soñar. Nunca ha sido tan fácil como hoy comunicarse con personas que nos hacen o hicieron felices, y os pongo un ejemplo que, aunque parezca baladí o algo friki, habla de la ilimitada capacidad actual de conectar con las personas que causaron un impacto positivo en nuestras vidas.

Queremos hablaros de Joe Arlauckas, quien comparte una anécdota muy especial con Borja.

> Joe fue un jugador de baloncesto profesional que militó en varios equipos de Europa, entre ellos el Real Madrid, donde se alzó con la Euroliga (la Copa de Europa) en 1995. Siendo merengue, resulta fácil recordar noches de gloria, pero, cuando eres joven, las vives de una manera especial. Me habría gustado agradecer personalmente a Arlauckas aquella gesta, la primera Copa de Europa que viví en directo, y el impacto que supuso para aquel joven que un día soñó con ser jugador de baloncesto. Y eso fue precisamente lo que me dispuse a hacer casi once mil días más tarde.
>
> ¿Cuál sería su respuesta? ¿Qué coste personal me supondría? ¿Cuáles eran el mejor y el peor de los escenarios posibles? ¿Qué piensas que sucedió? ¿Cómo crees que fue la reacción del exjugador del Real Madrid?
>
> Pues bien, cuando arrancas algo así, siempre tienes miedo al rechazo o a ser ignorado, pero el deseo de expresar mi gratitud y de conectar con uno de mis ídolos treinta años después venció esta creencia limitante. Me armé de valor para ir a su perfil de Instagram y, guiado por mi intuición y buen pálpito, me dispuse a escribirle. Le transmití cómo habían influido su estilo y su paso por el Real Madrid en mis inicios, pura inspiración al jugar ambos en la posición de ala-pívot. Le di las gracias por las emociones vividas y por ser un ejemplo en la cancha. Se trataba de un deportista, espectacular también respetuoso con el rival y los árbitros.

Ya estaba hecho. No había nada que perder. Su perfil de Instagram no parecía muy activo; sin embargo, el de su mujer, Eva, estaba al día, así que le mandé a ella el mensaje. Y, como sucede en las mejores historias, cuando había perdido la esperanza de recibir una respuesta, se obró el milagro: Joe contestó personalmente con calidez y humildad. Nos sorprendimos al comprobar que teníamos un gran amigo en común, Dani Salva, y aunque, obviamente, no somos amigos, estoy convencido de que, cuando coincidamos, por Madrid disfrutaremos de un café juntos.

Lo más sorprendente de esta iniciativa fue darse cuenta de esta gran verdad; todos, sin importar cuán famosos o exitosos seamos o hayamos sido, anhelan reconocimiento y amor. En un mundo donde la autenticidad es cada vez más escasa, un simple mensaje de gratitud puede abrir puertas y forjar lazos que perduran durante el tiempo que se cuiden.

Como padres, estamos orgullosos de que nuestra hija sea capaz de transmitir su admiración desde el cariño y el respeto a los ídolos con los que se cruza en Andorra. Observar con naturalidad cómo nos comportamos ante este tipo de realidades le ha servido para adoptarlo con normalidad y entender que se trata de un regalo que se hace a ella misma y a la persona a la que le muestra su admiración. Da igual que sea un escritor, un *influencer*, una actriz o un deportista. Porque a todos nos gusta recibir un halago sincero.

Para finalizar recuerda esta frase: el amor siempre encuentra su camino de vuelta. Así que coge tu móvil, vence tu timidez y comunícate con las personas que han dejado huella en tu pasado. Da igual el tiempo transcurrido, la riqueza de una sana conexión no entiende de fechas, sólo del sincero aprecio. Vas a alimentar el recuerdo y el amor de muchas personas. Enhorabuena, con estas acciones haces un mundo mejor. ¡Y no te olvides de compartir tus conexiones con nosotros!

Ejercicio del capítulo

- Imagina tres momentos épicos de tu vida, de esos que aún te emocionan.
- Visualiza a las personas que te provocan ese recuerdo especial.
- Agradéceles hoy lo feliz que fuiste gracias a que te hicieron vivir esa experiencia. Envíales un mensaje con cariño y desapego al resultado.
- Celebra la vida. No hay partida extra.

41

Día 30: la IA es tu aliada

Pensemos:

- ¿Consideras la IA una herramienta o una amenaza?
- ¿Qué te parecería tener un asistente personal que te ayudase con la gestión de tus contactos?
- ¿Cómo usas la tecnología para fortalecer tus relaciones personales? ¿Te acerca o te aleja de las personas a las que quieres?

Albergamos el honor de haber sido «la última generación más lista que sus máquinas».[37] Si no somos más inteligentes emocionalmente —nuestra única ventaja competitiva—, estamos destinados a que nuestro mundo lo gobierne

37. George Siemens, director ejecutivo del LINK Research Lab, en la Universidad de Texas.

un algoritmo. También somos la última generación que entenderá el trabajo como ha sido hasta ahora, dado que presenciaremos el exterminio de la masa laboral, lo que a todas luces supondrá la gran revolución que viva nuestra era. No es apocalíptico, no es un episodio de *Black Mirror*, es la realidad que viviremos y que nuestro vago conocimiento sobre la exponencialidad de la tecnología no nos permite vislumbrar.

Estamos ante el inicio de una nueva era para el ser humano, una historia que comenzó recopilando millones de datos que hoy nos brindan herramientas básicas en nuestro día a día. Todo apunta a que afectará a la manera en que nos relacionaremos, como ya lo hicieron las redes sociales: WhatsApp, X, Instagram, TikTok, Telegram y tantas y tantas otras. Lo que intuimos es que éstas tienen el tamaño de una mota de polvo en comparación con el universo que viene de la mano de la IA.

Surgirán nuevos asistentes virtuales que reemplazarán a nuestras queridas Siri, Alexa y Google Assistant. La IA los modificará de tal manera que serán capaces de anticiparse a nuestras necesidades. Ya no diremos eso de «Alexa, ponme esta canción», llegará un día en el que entraremos por la puerta de casa, detectarán nuestro estado de ánimo y sabrán qué música tiene que sonar. Puede que ya exista.

Es muy probable que la IA acabe con la plaga silenciosa de este siglo: la soledad no elegida. Como leímos en el Día 11, hoy un 40 por ciento de las personas se sienten solas. Si todo se hace dentro de la ética, sentirse asistido o cuidado por un asistente virtual con forma humana no suena tan mal para depende qué sectores, como el geriátrico, más aún cuando avanzamos hacia generaciones que apenas tienen hijos y que se sentirán menos arropadas en su edad adulta. Como compruebas, cada vez existe menos distancia entre las películas de ciencia ficción y la realidad.

Volvamos a la actualidad antes de lidiar con amigos virtuales y vayamos paso a paso: ¿por qué no utilizar la IA a nuestro favor? ¿Cómo sería tu vida si tuvieras un asistente personal las veinticuatro horas del día, siempre listo para ayudarte a mejorar tus relaciones y mantenerte vinculado a tus contactos más importantes? Hoy eso no es un sueño lejano, pues la inteligencia artificial puede ser ese asistente que necesitas para llevar tus conexiones al siguiente nivel. Las grandes corporaciones tecnológicas (Google, Apple, Microsoft, Meta, Nvidia...) siempre estarán a la vanguardia e incorporarán herramientas cada vez más precisas en estas áreas.

En ti residirá el grado de asistencia que quieras obtener, pero ahora mismo podrías apalancarte en herramientas que te hagan la vida más fácil. No les tengas mucho apego, ya que, en apenas meses, serán sustituidas o mejoradas por otras, debido a la capacidad de aprendizaje que posee la industria. Quizá cuando se publique este ensayo, las herramientas que a continuación nombramos formen parte de la historia debido a la inmediatez de este ecosistema:

- Recordatorios personalizados. Olvidar hoy un evento importante de un contacto debería ser ya un delito teniendo Google Calendar (véase el Día 4) o asistentes como Siri y Alexa.

- Análisis de conversaciones. Es cierto que está pensado para el mundo empresarial, pero, por ejemplo, Crystal Knows analiza los correos y los mensajes y te da señales sobre la personalidad y las preferencias de tus contactos. Esto te permite adaptar tu comunicación al estilo de cada persona, lo que mejora la calidad de tus interacciones y hace que tus comunicaciones sean más efectivas.
- Gestión de contactos. Nuevamente pensada para el mundo profesional, Cloze te recuerda cuándo fue la última vez que hablaste con alguien y te sugiere cuándo es un buen momento para volver a contactar. Así, ninguna relación importante se pierde en el olvido. Útil es un rato, no lo vamos a negar.

Estas herramientas están a tu servicio. Seremos nosotros los que decidiremos cómo vamos a relacionarnos con nuestro entorno y cómo aprovecharnos de las ventajas de la IA, pero siempre sin perder nuestra naturaleza de tribu: hablarnos cara a cara, disfrutar de tiempo juntos, pensarnos, llevarnos en el corazón. Si hay algo que moralmente está bien y que nos ayuda a mejorar nuestro entorno social y, con ello, nuestra salud emocional, ¡aprovechémoslo!

Una última sugerencia. Sé tú mismo, también con tus imperfecciones. Ninguna máquina ni algoritmo va a sustituir tu esencia, la manera en que te muestras y te das a los demás, tu sentido del humor, tu sensibilidad. Nadie emocionará como tú ni tendrá la calidez de tu mirada, y todo ello será así por siempre, por lo que no lo guardes para ti, compártelo siempre que puedas.

Ejercicio del capítulo

- Investiga las opciones y herramientas que te ofrece la IA para mejorar tu relación con tu entorno.
- Utiliza una de ellas, la que se adecue más a un asistente virtual: recordatorios, mensajes personalizados, gestión de contactos...
- Lo más importante: da igual en qué herramienta te apoyes, la clave es que seas tú, porque tu esencia es lo que te distingue de todo lo demás.

Parte 3

Supera estos frenos

42

La trampa de la timidez

En estos años, nos hemos topado con muchas personas tímidas. Quizá tú, como lector, también lo seas. Reconocemos que la timidez no es intrínsecamente mala ni buena, pero, cuando empieza a actuar en contra de tus intereses, puede ser perjudicial para tu desarrollo personal y social. Y, sí, la timidez es un freno, pero no es una barrera infranqueable.

Lo primero es dejar de ser tan exigente con uno mismo. La autocrítica es uno de los mayores obstáculos para superar la timidez. Recuerda todas las cosas buenas que has hecho y lo lejos que has llegado. Reconocer tus propios logros, por pequeños que sean, resulta esencial para construir una autoestima sólida. Está bien darse una palmadita en la espalda de vez en cuando.

Por otro lado, es fácil idealizar a las personas que consideramos geniales o exitosas, pero, en realidad, no son muy diferentes a ti. La mayoría afronta sus propias inseguridades y dudas. Para de pensar que los demás son mejores que tú simplemente porque aparentan mayor seguridad. Todos estamos en el mismo barco, navegando en un mundo lleno de incertidumbres. Ser consciente de ello te permitirá acercarte a tus contactos con más confianza y autenticidad, y ése es otro gran paso para superar la timidez.

Tenemos amigos que han superado su timidez enfrentándose directa y deliberadamente a situaciones incómodas. Algunos se unieron a Club84 y a Andorrita, otros asisten a retiros o eventos sociales, pero todos ellos buscan oportunidades para interactuar con nuevas personas. ¡Se tiran a la piscina! ¡Pasan miedo, pero sólo un rato, y... *voilà*!: se transforman en personas más seguras y confiadas, que mitigan el miedo a cometer errores y entienden que exponerse es como seguir una senda hacia el verdadero crecimiento. Y, si cometen un error, saben que es una lección disfrazada de oportunidad. No temas fallar, es parte del viaje y te permite desarrollar una mayor resiliencia.

Por supuesto, existen multitud de historias increíbles de superación de personas tímidas, como las de Bill Gates, Albert Einstein, el cantante Juanes e incluso la gran Barbra Streissand, quien, a pesar de su éxito, llegó a un punto en su carrera en el que evitó las actuaciones en vivo durante casi treinta años debido a su ansiedad. Unos y otros buscaron una zona de confort para convivir con su timidez sin que eso les restara oportunidades.

Empieza poco a poco, pero empieza ahora. El proceso te irá corrigiendo y guiando. No necesitas ser perfecto ni carismático, lo importante es comenzar. La acción constante y deliberada es clave para superar la timidez y construir mejores relaciones. Demasiada planificación puede llevarte a pensar demasiado, y eso sólo genera ansiedad. Recuerda, no hay que ser grande para arrancar, pero hay que arrancar para ser grande. Y, aunque a veces dudes de ti, engaña a tu cerebro para que sí crea. Antes de dormir, repite diez veces: «Soy una persona segura». Siéntelo como si fueras la editora de *Vogue*, Anna Wintour. El subconsciente es poderoso, y, si lo haces bien, pronto notarás la diferencia.

Cuando conectes con alguien, piensa en cuántas cosas os unen y tenéis en común, te aseguramos que son muchas más de las que crees. Si estás en el networking de un evento, pregunta qué le han parecido las ponencias, si conoce personalmente algún ponente o sus impresiones por el tema. Si se trata de un entorno más lúdico, habla del lugar de procedencia, de si conoce la ciudad, de cuánto tiempo lleva viviendo allí.

Un punto importante es confundir ser tímido con ser introvertido. Puedes no ser lo primero y sí lo segundo o ser las dos cosas; en ese caso, lo que te da verdadero reparo es hablar de ti mismo porque necesites un clima de confianza para hacerlo. Está bien, es correcto. No hace falta que cuentes o compartas nada que no quieras, poco a poco irás encontrando la práctica.

Por último, toma algún riesgo. El primero ya lo hiciste comprando y leyendo este ensayo. Te lo agradecemos y te felicitamos, porque los riesgos dan miedo, pero son necesarios. Si vencer la timidez es demasiado aterrador, divide la tarea en acciones más pequeñas y manejables, pero no abandones. Pequeñas dosis de riesgo son fundamentales para avanzar y superar la timidez. Cada paso fortalecerá tu confianza y te acercará a crear vínculos afectivos más profundos y significativos.

En resumen, superar la timidez no es una misión imposible. Con un poco de autocompasión, acción deliberada y la disposición a afrontar situaciones incómodas, puedes construir relaciones afectivas que mejoren tu vida. La timidez no es un obstáculo insuperable. Con el enfoque correcto, la convertirás en tu aliada para que el mundo conozca tu mejor versión.

43

La tríada del mal

La vida es equilibrio. Un estado de paz mental en el que nada te daña o afecta y en el que procuras lo mejor para todo aquel que te acompaña en el camino. Suena *happy*, ¿verdad? Pues lo es, aunque no siempre podemos estar en nuestro *prime*, como diría nuestra hija. Habitualmente convivimos con tres fuerzas internas y oscuras que sabotean las relaciones y nos amargan la vida y, por ende, la de nuestro entorno. Toda luz lleva consigo su sombra, y, cuanto más grande sea la primera, también lo será la sombra que debemos gestionar. Aquí hablaremos de ellas. Son un enemigo interno, y, lamentablemente para muchos, la mano que gobierna sus vidas, donde apenas son títeres de sus desaires. Podemos superarlas, por supuesto, sólo necesitamos el enfoque adecuado. Hablamos del ego insano, la comunicación tóxica y la envidia.

El ego insano busca ser el protagonista en cualquier

circunstancia, incluso en situaciones que no le competen. Nos hace creer que somos el centro del universo, que meamos colonia y que los demás están destinados a reconocer y celebrar nuestros logros. La consecuencia es que todo ello nos aísla. Es lógico, pues esta mentalidad nos induce a sentirnos superiores, a desestimar las ideas ajenas y a resistir las críticas por muy constructivas que sean. Es cierto que en ocasiones confundimos ese ego con la plena seguridad, como en el caso del campeón mundial de la UFC Ilia Topuria, que en el trato directo se muestra cercano y humilde, un tipo extraordinario y normal.

¿Cómo podemos lidiar con este tipo de ego? Pues la mejor práctica es la humildad consciente. En lugar de centrar la conversación en nuestros pequeños éxitos, formula preguntas y muestra interés por los logros o avances ajenos. Siéntete agradecido porque otras personas se conmueven por tu desempeño, talento o simple avance, y, por supuesto, sé humilde ya que tras ello habita la clave de las mejores relaciones.

Con respecto a la comunicación tóxica, es aquella que convierte las palabras en algo más que un lenguaje, en un arma radiactiva, un Chernóbil relacional. Por estadística, es seguro que habrás convivido con algún jefe, compañero o subordinado así. Esta toxicidad se manifiesta en forma de sarcasmo, agresividad o indiferencia, siempre con una huella negativa. Es inevitable provocar malentendidos, erosionar la confianza de las personas cercanas o crear un ambiente hostil cuando se actúa así. Son aquellas personas y actitudes de las que uno debe huir a toda costa. Si tenemos en nuestra agenda a una persona así, y el 99 por ciento de la gente habremos pensado ya en una, debemos limitar nuestra interacción lo máximo posible. Si somos nosotros los que caemos en este tipo de comunicación, debemos liquidar esta actitud lo antes posible o nos quedaremos solos.

¿Qué haremos para solucionarlo? Lo mejor es utilizar un lenguaje amable y escuchar de manera activa, es siempre el mejor antídoto. Por ejemplo, si alguien comete un error, en lugar de criticarlo, podemos decir: «Entiendo que fue un error, ¿cómo podemos solucionarlo juntos?». Ciencia ficción para alguna de esas personas tóxicas con las que has convivido, ¿cierto? La empatía es fundamental en la salud de las relaciones. Y es que una sencilla frase como la que proponemos es capaz de salvar horas o días de ambiente negativo e irrespirable, y no sólo nos circunscribimos al ámbito laboral, también al de las amistades.

Por último, la envidia es esa fuerza que nos lleva a desear lo que los demás poseen, lo que genera sentimientos malignos de incapacidad y daña nuestra autoestima y nuestras relaciones. La envidia desencadena una vida gris, que nos llena de resentimiento hacia los logros ajenos y, sobre todo, desvía nuestra energía y el enfoque en los objetivos propios. Con acierto lo reflejó el escritor pontevedrés Julio Camba: «La envidia de los españoles no es aspirar al coche de su vecino, sino que el vecino se quede sin su coche».

Para contrarrestar este cáncer, es fundamental practicar la gratitud y celebrar los logros de los demás. Hacer un ejercicio diario de gratitud es muy útil. Si en alguna ocasión sientes envidia, convierte ese sentimiento en una oportunidad para felicitar a la persona generadora. No permitas que tu mente se convierta en una ciénaga. Por ejemplo, si un compañero consigue un ascenso, sé el primero en enviarle un mensaje de felicitación. Agradece tener a un compañero en un puesto de mayor responsabilidad. La gratitud y la celebración ajena actúan como un escudo protector contra la envidia. Al hacerlo, no sólo cuidamos de nuestras relaciones, sino que también inspiramos a otros a relacionarse de esta manera más *ecológica*. Nadie te birla un ascenso, el Porsche de la vecina no hace menos práctico a tu utilitario y la figura esbelta de un amigo no nos vuelve menos atractivos.

Cultivando la humildad, la empatía y la gratitud, mejoraremos nuestra vida y contribuiremos a crear un mundo más conectado y mejor. Estos tres demonios son peligrosos, pero, con el nivel de conciencia adecuado, es posible superarlos y fortalecer nuestras relaciones, ganar influencia y tejer una red de personas bonitas que habiten en nuestra vida y la hagan mucho más positiva. Queremos vivir bien y con los mejores humanos posibles, y todo ello está a nuestro alcance.

44

Los saboteadores de tus relaciones

Te levantas, miras la agenda y ves esa lista interminable de tareas esperándote. Entre ellas, esa llamada pendiente desde hace semanas y el mensaje que nunca contestaste. Dices «llamaré después, ahora no tengo tiempo» a sabiendas de que hoy no lo harás. Por otro lado, estás pendiente de recibir un mensaje o una invitación que nunca llega, y, cada vez que lo recuerdas, tu humor empeora: «Pero ¿por qué no llaman de una vez?». Si te reconoces en estas situaciones, no te preocupes. No estás solo. La buena noticia es que hay una salida.

Vivimos en la era de la inmediatez. Lo queremos todo, y lo queremos ya. Somos la generación más impaciente de la historia de la humanidad. Es normal que, al intentar construir una red de contactos, te sientas frustrado por no ver resultados al instante. Esa necesidad de gratificación instantánea puede ser un gran enemigo. Conocimos a

Pedro, un tipo encantador, enfocado en reinventarse profesionalmente y en alcanzar sus metas a la velocidad del rayo; estaba lanzado al networking, volcado únicamente en conectar con aquellos a los que clasificaba de «útiles» en su carrera. Como no vio resultados rápidos, se desanimó y abandonó sus esfuerzos. La consecuencia: perdió la oportunidad de crear relaciones valiosas con todas las personas a las que conocía y que seguro que podrían haber beneficiado su carrera y su vida en general.

Por otro lado, está la procrastinación. Sabes que deberías cuidar tus relaciones, pero siempre encuentras algún motivo para dejarlo para mañana. ¿El resultado? Los días pasan, las oportunidades se enfrían y las conexiones se debilitan. Laura, una antigua compañera de trabajo, siempre tenía la agenda completa, llena de reuniones solapadas —y, si no, ya se las creaba ella—; eso la hacía posponer llamadas y mensajes a sus contactos, pero pensaba que tendría tiempo más adelante. Le llegó una mala racha, y entonces fue cuando comprobó que muchas de sus relaciones se habían enfriado y se dio cuenta de verdad de todas las oportunidades perdidas.

¿Te reconoces en Laura o en Pedro? La impaciencia y la procrastinación se alimentan mutuamente, como la pescadilla que se muerde la cola. La primera te lleva a abandonar antes de tiempo y la segunda te impide actuar. Es un círculo vicioso que afecta negativamente a tus relaciones y te deja atrapado en una rueda de parálisis y frustración.

Este dúo de comportamientos tiene consecuencias directas en tu red de contactos y en tu salud, o sea que poca broma con el asunto. Sin un esfuerzo constante, tus relaciones se quedan en un nivel superficial y las conexiones que podrían haberte abierto puertas se desvanecen como la carroza de Cenicienta. Además, tus contactos pueden percibirte como alguien poco comprometido (procrastinador) o interesado (impaciente), con el consiguiente perjuicio en tu calidad de vida relacional.

Te dijimos que no estabas solo porque aquí es donde queremos ayudarte: hemos visto y sufrido en carne propia esta situación. Si eres impaciente, tienes que poner el tiempo a tu favor: cualquier resultado implica dosis de paciencia, y más si la recompensa es conseguir algo tan valioso como mejorar tu entorno. Sé constante con tus hábitos, pues, tras la práctica de éstos, poseerás la habilidad que te permitirá disfrutar de ese entorno que va a mejorar tu vida. Visualízalo con frecuencia, aunque nunca nadie ha dicho que con sólo pensar lo que queremos nos llegue en un abrir y cerrar de ojos.

Con respecto a la procrastinación, no necesitas dedicar horas interminables ni hacer esfuerzos titánicos para tener una vida relacional saludable, la clave está en tomar acción ahora. Repetimos, ahora. Pequeños pasos, grandes resultados. No subestimes el poder de las pequeñas acciones porque una llamada, un mensaje o una conexión al día pueden transformar tu red. Van a transformar tu red y tu vida.

Otra buena noticia: la impaciencia y la procrastinación no tienen que definirte. Con el Método DTM puedes iniciar el ciclo: centrarte en el presente y empezar a tomar acciones que marcarán la diferencia. Esa diferencia que todos apreciarán, el primero tú. Por tanto, no necesitas esperar a esos resultados inmediatos ni posponer tus esfuerzos. Comienza hoy y, poco a poco, verás cómo tu red se fortalece y las oportunidades empiezan a fluir.

Recuérdalo siempre: te lo mereces. Y, si en algún momento te sientes bloqueado, estamos aquí para apoyarte. Sabemos lo difícil que puede ser, porque nosotros también hemos pasado por esas situaciones más de una vez. Si necesitas una mano, no dudes en buscar la nuestra; estaremos encantados de ayudarte, sin que eso sea una molestia. Si te apetece, escríbenos un mensaje a nuestro número de WhatsApp.

45

Miedo al rechazo

Seguramente te habrá sucedido mil veces. Fiesta de la universidad, del trabajo o con tus amigos; ves a alguien que te encanta y decides que es el momento de hablar con él o ella. Todo es perfecto, el instante es el propicio, pero, justo cuando estás a punto de abrir la boca, una voz interna te susurra y dice: «Adónde vas, *pringao*, ¿y si te rechaza?». Entonces se presenta ante ti el archienemigo del crecimiento relacional: el miedo al rechazo. Un gran saboteador de oportunidades para conectar y conocer a personas fantásticas.

Pero ¿qué hay detrás de ese temor? Lo dramático es que es la absoluta nada, y lo sabemos porque... ¿Cuántas veces a lo largo de nuestra vida hemos sido rechazados y seguimos aquí, vivitos y coleando? Desde niños, nos hemos enfrentado al «no te comas ese bollo antes de cenar» y el «no te quedes despierto hasta tarde», y, sin embargo, seguimos adelante, zampando bollos antes de la cena y disfrutando de noches de insomnio desde nuestra adolescencia. Por lo tanto, ¿por qué nos cohibimos tanto cuando se trata de conocer a gente nueva o de mejorar nuestras relaciones y oportunidades profesionales?

El rechazo es parte de la vida. Si lo piensas bien, nos han rechazado tantas veces que cualquiera de nosotros podría ser el presidente de la Asociación Nacional del Rechazo.

Exámenes, pruebas de acceso, la persona que intuías que sería tu primera pareja, el trabajo que soñabas, ese portero de discoteca al que le resultabas un hortera... Todos estos rechazos deben forjar nuestro carácter, porque, si algo nos enseña la vida, es que el rechazo es inevitable, pero no es el fin, ni mucho menos.

Queremos compartir este relato de Margarita Pasos, experta en ventas, que nos invita a amar el no:

> En Chicago, un grupo de vendedores de seguros de vida solía vender, de media, dos pólizas y media por asesor. Un día, sus supervisores los enviaron a la calle con una nueva misión: conseguir sesenta noes. Los vendedores tocaron puertas con entusiasmo, preguntaban: «¿Necesita usted un seguro de vida?». La mayoría respondía con un «no» inmediato, pero ocasionalmente alguien decía: «Pues fíjese que sí, mi esposa y yo vamos a tener un bebé y hemos estado pensando que necesitamos un seguro de vida, pase, por favor». Al final del mes, esos mismos asesores estaban vendiendo un promedio de veinte pólizas cada uno, con lo que multiplicaron por ocho sus ganancias.

Este cambio ocurrió porque aprendieron a no ver el «no» como un fracaso, sino como un paso necesario hacia el «sí». Desde pequeños nos enseñan que la palabra *no* es mala, pero, en los negocios, él «no» puede ser tu mejor amigo. ¿Sabías que el 90 por ciento de los productos que se ponen en el carrito de Amazon no se compran? Amazon tiene que escuchar noventa noes para oír diez síes.

Imagina que te digo: «Por cada veinte piedras que encuentres, habrá un diamante». ¿Te alegrarías con cada piedra que recogieses o te enfadarías? ¡Te alegrarías! Querrías encontrar más piedras rápidamente porque sabrías que te acercan al diamante.

Así que, aprende a amar el «no». Cada rechazo te acerca más a la aceptación que buscas. Enfréntate al rechazo con una sonrisa, porque en cada no hay una oportunidad oculta que espera ser descubierta.

El ejercicio de vender y relacionarse es muy parecido, también el de ligar. Que alguien malinterprete tu sana intención de conexión, que te diga «no» o que simplemente no esté en el momento adecuado no debe bloquearte ni mermar tus ganas de avanzar. Las personas no somos números, pero, si aprendes a verlo desde un enfoque matemático, todo se suaviza y el rechazo se difumina. Si procuras conectar con cincuenta personas y el 10 por ciento queda ausente, hace *ghosting* o incluso te rechaza, ¡eso significa que has hecho cuarenta y cinco nuevas conexiones! El rechazo es sólo una pequeña parte del proceso. La verdadera magia sucede cuando persistes y sigues adelante. Cada «no» te acerca más a un «sí», y, bajo nuestra experiencia, ese ligero porcentaje de noes no significa que no seas lo suficientemente interesante o bueno. El rechazo a menudo dice más sobre la otra persona que sobre ti. Las circunstancias, el estado de ánimo y los intereses personales desempeñan un papel importante.

Sentir que en alguna ocasión quedas al margen no debe ser humillante o vergonzoso. El rechazo es una oportunidad de aprendizaje. Estas situaciones te enseñan algo nuevo y te hacen más fuerte. Recuerda, no es personal, es parte del proceso de abrirte más a personas que conoces y a otras muchas que esperan conocerte.

Recordamos cuando Sonia no consiguió superar el estricto y singular proceso de selección para la empresa anteriormente conocida como Arthur Andersen, puesto para el que se había preparado durante seis agónicas semanas estudiando programación, que es lo más alejado que hay de su pasión. Si tuvieras curiosidad por saber cómo llegó a esa situación, te lo contaremos en un futuro libro que encontrarás en la sección de terror. El caso es que no superó la entrevista personal, en la que la Stasi habría demostrado más sensibilidad y humanidad con los candidatos. En fin, agradeció mucho ese correo en el que le decían que estaba fuera del proceso, por dos motivos principales. Uno: ¿qué habría sido de ella en ese proyecto? Y dos: en su siguiente trabajo conoció al amor de su vida, el coautor de este libro. Y es que a veces esos rechazos son pura bendición.

El miedo al rechazo es sólo miedo si tú se lo permites. Por este motivo, te animamos a que estas situaciones las afrontes con humor y práctica; verás que es mucho menos intimidante de lo que parece. Las conexiones que establecerás en el camino valdrán cada pequeño obstáculo. Las oportunidades de conocer o de reconectar con personas extraordinarias superarán con creces los momentos de incomodidad. Ese amigo de la escuela que te adoraba está esperando tu mensaje, esa persona a la que admiras desde siempre también, y la gente a la que sientes que puedes ayudar... pues mucho más si cabe. ¡A por ello!

46

La batería social

Este concepto hace referencia a la capacidad y la disposición emocional para interactuar y relacionarse con los demás. Hay días en los que te sientes pletórico, lleno de energía, dispuesto a conversar, conocer a gente nueva, fortalecer relaciones y hasta ligar. En momentos así, tu batería social está cargadísima, y es el mejor instante para aprovechar y conectar con otros. Por otro lado, hay días en los que prefieres estar a tu aire, te muestras más apático o, simplemente, no tienes ganas de interactuar. Es normal que la batería social fluctúe, y reconocer estos momentos es clave.

Para ello, lo ideal es hacerse preguntas del tipo «¿cómo me siento hoy?» y escuchar a tu cuerpo para tomar decisiones conscientes sobre cuándo y cómo interactuar con los demás. No se trata de evitar las relaciones, sino de manejarlas de manera efectiva. Nosotros mismos, y pese a lo que parezca, no estamos siempre a tope. Manejamos distintos emprendimientos sociales (Club84, Andorrita, Stellarpunk...) y, en muchas ocasiones, sentimos que nuestra batería social está baja. No pasa nada. Todo es perfecto.

Te vamos a detallar algunos *hacks* que utilizamos para recargar la batería sin caer en el habitual victimismo:

- Tiempo para ti mismo por decreto. Regálate momentos durante el día para actividades no productivas y que disfrutes en solitario, como leer, escuchar música, meditar, dar un paseo o incluso ver algo la televisión (evita los informativos). Tras estas pausas, la recarga es casi completa.
- Ejercicio físico. Te ayuda a liberar tensiones y recargar energías, libera endorfinas, mejora el estado de ánimo y nos hace sentir más preparados para socializar. Además, el gimnasio suele ser un punto neurálgico de conversaciones. La gente quiere ponerse en forma y comentar cualquier novedad, aunque sea intrascendente, que a la postre son las que lubrican cualquier amistad emergente.
- *Hobbies*. Dedica espacios en tu agenda para tus pasatiempos o actividades creativas, es algo tan importante que debería prescribirlo el médico. Relajarte con tus *hobbies* sin la presión de las expectativas sociales es de suma importancia. ¿Cuántas amistades se han forjado a través de las aficiones? Resérvales tiempo a las tuyas todas las semanas, y si no tienes una, búscala. Quizá sea el espacio de conexión que te falta.

Debemos recordar que no siempre es necesario estar al cien por cien socialmente. Aceptar nuestros límites y ser sinceros sobre la necesidad de crear espacio personal es esencial para mantener relaciones saludables. La *mundología* que exploramos en este libro es universal: todos necesitamos sentirnos queridos y protegidos, y eso comienza por cuidarnos a nosotros mismos. Al recargar nuestra batería social, no sólo mejoramos nuestra vida, sino, también, el impacto que generamos en la existencia de los demás. Libérate cuando sientas que tu energía está en reserva; respira, desconecta, disfruta de un *hobby* y pronto estarás listo para reenganchar con una fuerza renovada.

Un punto importante es gestionar las invitaciones sociales que te llegan cuando tienes la batería social en rojo. Aquí lo ideal es aplicar la misma honestidad y sinceridad que pides en tus relaciones: explica con cariño y empatía que estás en un momento de recarga y haz una contrapropuesta para disfrutar de ese plan cuando puedas ofrecer tu mejor versión.

Por último, y aunque pueda ser algo contrario a lo que hemos dicho en este libro respecto a utilizar tu móvil para acciones que te acerquen a esa vida social que mereces, llega un momento en el que se necesita un *detox* digital, alejarse de ese *scroll* casi siempre infinito, del impacto de tanta información y de la presencia constante en redes sociales, porque esto es realmente agotador. Desconecta por un tiempo y disfruta del silencio. Un lujo en pleno siglo XXI.

47

Estar interesado versus parecer interesado

El miedo a parecer interesado o, peor aún, a ser percibido como alguien con intenciones ocultas es un obstáculo común en el camino hacia la construcción de una vida relacional saludable. Este temor nos paraliza, nos impide tomar la iniciativa y, en última instancia, nos roba oportunidades valiosas. Pero ¿y si te dijéramos que es posible demostrar un interés sincero sin que parezca que estás buscando un beneficio personal?

Vamos a hablar sobre ello, aunque este capítulo podría finalizar aquí y ahora con una única una frase: sólo debes ser tú mismo. Punto final.

Mejor, punto y aparte, y te seguimos contando. La clave para superar este miedo radica en la autenticidad. Cuando te muestras tal y como eres, sin artificios ni dobles caras, la gente lo percibe y lo aprecia. La autenticidad genera confianza, y la confianza es la base de cualquier relación sólida. Como dice la investigadora Brené Brown,[38] «la autenticidad no puede ser fabricada, debe ser descubierta»; por tanto, sólo tienes que estar convencido de actuar según eres, y eso requiere pensar, decir y sentir de manera constante. ¿Y cómo se consigue esto? Pues siendo vulnerable, que no es más que tener el coraje de ser imperfectos y mostrarnos tal cual.

Siempre que frenas la oportunidad de crear una conexión, ya sea algo profundo o liviano, como pedir ayuda o dar tu opinión, es que hay algo que admiras en la otra persona y temes que perciba un interés malentendido. «Es la mejor profesional del mundo *fitness* que conozco. Me encantaría compartir mi opinión con ella, pero no quiero que piense que busco un favor», «probablemente reciba cientos de opiniones todos los días, no quiero incomodarla con la mía». Admiración y autosabotaje a partes iguales, con el resultado de oportunidades y experiencias perdidas.

La mejor manera de evitar este tipo de situaciones es ser sincero y transparente sobre tus intenciones desde el principio. Explica claramente por qué te gustaría conectar con alguien y cómo crees que ambos salís ganando con vuestra relación. A esto, siempre hay que añadir una buena dosis de escucha activa —es decir, conviene enfocarse también en entender a aquel a quien queremos dirigirnos— y saber interpretar las señales tanto para elegir el momento como el modo más idóneo, no para ti, sino para

38. Brown, Brené, «The power of vulnerability», YouTube (TED Talks), 2011, <https://www.youtube.com/watch?v=iCvmsMzlF7o>.

esa persona. Sí, ya lo sabemos, estás visualizando a ese famoso que está comiendo en un restaurante y lo interrumpen constantemente para pedirle un selfi.

Por tanto, encuentra la manera adecuada para dejar que la otra persona *te vea*, y, aunque sea un encuentro breve, permítele conectar con tu esencia, que es única y auténtica. Sólo así podrás crear ese efecto *wow* y disfrutar de las oportunidades que llegan al establecer un vínculo con las personas a las que admiramos.

El ejemplo de una de las mejores profesionales del mundo del *fitness* con millones de seguidores, nuestra querida amiga María Martínez[39] —una gran persona—, nos sirve para mostrarte cómo se ve desde *el otro lado* este tipo de situaciones. Cuando, en sus perfiles sociales, María recibe los comentarios de la gente, enviados desde el respeto y cariño, siente mucha alegría, y no sólo porque es una persona con una calidad humana y una actitud al servicio de los demás excepcional, sino porque son la prueba de que su misión está funcionando. Por tanto, no te preocupes si recibes una respuesta que no esperas al acercarte a alguien, seguramente sea porque no está en su momento o no sabe asimilar la abundancia de su misión de vida.

Disfruta de esas experiencias y de todas las oportunidades que surjan al intentar conectar con personas interesantes o que admiras. Pero no lo olvides: los papeles pueden cambiar. Cuando te toque recibir, hazlo con la misma generosidad y alegría. Agradece, sonríe y deja que la abundancia fluya en ambos sentidos.

39. <https://www.youtube.com/@SienteteJoven>.

Epílogo

«¿De qué trata el libro?» Ésta ha sido la pregunta que con más frecuencia hemos atendido mientras lo escribíamos. La respuesta nunca ha sido idéntica; en ocasiones explicábamos que se trataba de un texto sobre cómo sacarle partido a tu capacidad relacional y a la forma de crear vínculos afectivos; otras veces decíamos que iba sobre networking, e incluso en alguna ocasión sobre cómo crear un plan de acción de treinta días para pasar de tener contactos a relaciones en tu móvil. Todo es cierto, y lo has visto a lo largo de la lectura que estás a punto de concluir.

Pero a pocas horas de entregar el manuscrito a nuestro estimado editor, Roger Domingo, nos percatamos de que el libro que tienes entre tus manos va mucho más allá. Versa sobre la salud. Lo pondrán en la sección de empresa, emprendimiento o autoayuda, y nos parecerá perfecto, pero concluimos que es un libro sobre remedios saludables que no se encuentran en las farmacias. Un libro que debería prescribir más de un médico.

Abrazar, reír, amar y amarse, olvidar ofensas, sorprender, *bienpensar*, perdonar, ser agradecido, conversar sin agredir, interactuar desde el amor y, sobre todo, relacionarse con personas, sean ya amigos o estén en el proceso, es la mejor medicina, y sin duda la más accesible y barata.

Estamos muy orgullosos como padres de dejar este legado a nuestra hija, Adriana. Ella encarna fielmente los valores que aquí se describen. Sabrá capitanear este mundo algorítmico y de inteligencias cuánticas bajo los principios y los valores de la esencia humana. Notar el calor de una amistad o la emoción de sentirse arropado es difícil de programar.

Ser más humano será una ventaja competitiva, un buen *negocio* y un sencillo tratamiento para la felicidad. Aquí has leído nuestro postulado para embarcarse en esta apasionante era, en la que lo ancestral convive con lo tecnológico y ser buena persona siempre será el mejor consejo.

Agradecimientos

Hay tantas personas a las que dar las gracias, que el listado se haría interminable. Pero hay una a la que no nos perdonaríamos olvidar, y esa persona eres tú. Gracias, querido lector, por confiar tu tiempo y tu energía a este libro, un ensayo que queremos que sea vivo y que enriquezca a otras personas, porque tenemos el convencimiento de que, tras empezar a practicar sus principios a diario, surgirán nuevas ideas que harán del universo de las relaciones afectivas y efectivas un lugar mejor. No dudes en compartirlas, ya que no es ninguna molestia y estamos a tu servicio. Somos una comunidad de personas con valores honestos, contributivos, que se ayudan y mejoran cada día.

Este libro es para ambos, para ti como lector y para nosotros como autores, el inicio de un movimiento que no termina aquí. Estamos encantados de conectarte a nuestra red y de conocer la tuya. Pongamos en práctica lo que aquí se ha escrito. Desatemos nuestra capacidad relacional y sirvamos de ejemplo a otros muchos. ¡Gracias por todo lo bueno que está por llegar!

Bibliografía

Carnegie, Dale, *Cómo ganar amigos e influir en las personas*, Elipse Editorial, Barcelona, 2023.

Cialdini, Robert B., *Influencia, psicología de la persuasión*, HarperCollins, Madrid, 2022.

Domingo, Antonio, *Networking. El arte de generar negocio, relaciones y oportunidades*, Ediciones Anaya Multimedia, Madrid, 2018.

Ferrazzi, Keith, *Nunca comas solo. Networking para optimizar tus relaciones personales*, Profit Editorial, Barcelona, 2020.

Gabriel, Xavier, *Nada es imposible*, Alienta Editorial, Barcelona, 2011.

Ginés, Vicent, *No lo mates todavía*, Editorial Alienta.

Godin, Seth, *La vaca púrpura*, Gestión 2000, Barcelona, 2008.

—, *Tribus. Necesitamos que tú nos lideres*, Gestión 2000, Barcelona, 2009.

More, Mago, *Superpoderes para el día a día*, Alienta Editorial, Barcelona, 2024.

Navarro, Miguel, *La pirámide de la influencia*, Alienta Editorial, Barcelona, 2024.

Pinker, Susan, *El efecto aldea*, Editorial Funambulista, Madrid, 2022.

Polish, Joe, *What's in it for them?*, Hay House, Estados Unidos, 2023

Quintas, Cipri, *Sawubona. El secreto del verdadero éxito*, Alienta Editorial, Barcelona, 2022.

—, *El libro del networking*, Alienta Editorial, Barcelona, 2017.

Rojas Estapé, Marian, *Cómo hacer que te pasen cosas buenas*, Espasa, Barcelona, 2018.

Schulz, Marc, y Waldinger, Robert, *Una buena vida*, Editorial Planeta, Barcelona, 2023.

Taleb, Nassim Nicholas, *Antifrágil*, Ediciones Paidós, Barcelona, 2024.

Turienzo, Rubén, *Carisma complex*, Alienta Editorial, Barcelona, 2012.

Sobre los autores

Borja Muñoz es graduado por la Universidad Autónoma de Madrid y máster en Dirección de Marketing por ESADE. Es autor de varios libros de éxito, como *Day trading en una semana* (Gestión 2000, 2014) y *El pequeño libro del day trading* (Alienta, 2018). Hoy dedica tiempo y energía a varios proyectos, entre ellos, Club84, una comunidad pensada para líderes que buscan crecer y conectar de manera auténtica.

Sonia Márquez es estadística de formación, aunque su trayectoria profesional ha estado ligada a la atención al cliente y a optimizar procesos con un enfoque humano. En 2021, lanzó Andorrita.com, una innovadora iniciativa de networking social diseñada para conectar personas y hacer de su llegada al principado una experiencia cálida y agradable.

Impreso en Huertas Industrias Gráficas, S. A.
Polígono Industrial El Palomo, nave 21
28946 Fuenlabrada (Madrid)